第12回
神社検定
問題と解説

初級

「神話を知ろう！」編　全50問

令和6年6月23日に行われた
「第12回 神社検定」の初級試験は、
「神社検定」副読本『マンガならわかる！『古事記』』の
第5章までから全問が出題されました。

※解説に示しているのは、公式テキストに掲載されている
　関連項目のページ数です。

※第12回神社検定は、初級はオンライン受検のみ、
　参級はオンラインと会場受検、
　弐級と壱級は会場受検のみで実施されました。

以下は概ね『古事記』に関する問題です。

問1
以下の文章の空欄【 】に入る言葉として正しいものを選んでください。
『古事記』と『日本書紀』に記された神話は、併せて【 】といわれます。

1. 古紀神話
2. 古日神話
3. 記紀神話

➡ 『マンガならわかる！『古事記』』7ページ「はじめに」の8ページ

正解　3

問2
『古事記』の編纂を行ったのは誰でしょうか。

1. 稗田阿礼（ひえだのあれ）
2. 太安万侶（おおのやすまろ）
3. 元明天皇（げんめいてんのう）

➡ 『マンガならわかる！『古事記』』7ページ「はじめに」の8ページ

正解　2

> 問3
> 『古事記』が完成したのはいつの時代でしょうか。
>
> 1. 飛鳥時代
> 2. 奈良時代
> 3. 平安時代

➡『マンガならわかる！『古事記』』7ページ「はじめに」の8ページ

正解　2

> 問4
> 以下の文章を読んで、空欄【　】に入る言葉として正しいものを選んでください。
> 　天と地が初めて開けた時、高天原（たかまのはら）に最初に現れたのは【　】です。この神様は、天の中心の神様です。
>
> 1. 天之御中主神（あめのみなかぬしのかみ）
> 2. 高御産巣日神（たかみむすひのかみ）
> 3. 神産巣日神（かみむすひのかみ）

➡『マンガならわかる！『古事記』』11ページ「第1章　天地初めて発けし時」の12、13ページ

正解　1

問5
次の文章は、天と地が初めて開けた後の状態を示しています。空欄【 】に入る言葉として正しいものを選んでください。

　国土はまだ若くて固まらず、水に浮いた脂（あぶら）のような状態で、クラゲのように漂っていました。そんな中、水辺から飛び出す【 】の芽のように神様が出現しました。

1．榊（さかき）
2．蓮（はす）
3．葦（あし）

➡『マンガならわかる！『古事記』』11ページ「第1章　天地初めて発けし時」の14ページ

正解　3

問6
以下の文章を読んで空欄【 】に入る数字として正しいものを選んでください。

　天と地が初めて開け、5柱（いつはしら）の独神（ひとりがみ）が現れた後、対（つい）の神々が生まれ、その【 】代目に伊邪那岐神（いざなきのかみ）と妹伊邪那美（いもいざなみの）神が生まれました。

1. 3　　2. 7　　3. 9

初級

➡『マンガならわかる！『古事記』』11ページ「第1章　天地初めて発けし時」の17ページ

正解　2

問7
伊邪那岐命（いざなきのみこと）と伊邪那美（いざなみの）命は、ある島に天降（あまくだ）り、日本の国土を次々と誕生させていきます。その島とは以下のどこでしょうか。

1. 淡路島　2. 淤能碁呂島（おのごろじま）
3. 沼島（ぬしま）

➡『マンガならわかる！『古事記』』11ページ「第1章　天地初めて発けし時」の18、21ページ

正解　2

問8
伊邪那岐命と伊邪那美命は、日本の国土を次々と誕生させていきました。そのことを何というでしょうか。

1. 神生み　2. 国生み　3. 島生み

➡『マンガならわかる!『古事記』』11ページ「第1章　天地初めて発けし時」の 20、21、23、24 ページ他

正解　2

問9
伊邪那岐命は、亡くなった伊邪那美命を一目見たいと思い、死者が行く地下の世界へと行かれました。そこは何と呼ばれているでしょうか。

1. 泉下（せんか）の国
2. 蓬莱（ほうらい）の国
3. 黄泉（よみ）の国

➡『マンガならわかる!『古事記』』11ページ「第1章　天地初めて発けし時」の 29 ページ他

正解　3

問 10
死者の世界で、伊邪那岐命は伊邪那美命に、一緒に帰ろうと呼びかけられました。しかし、伊邪那美命はあることをしてしまったから帰れないと言います。そのあることとは一体何でしょうか。

1. この国の醜女(しこめ)と言葉を交わした。

2. この国の神に、今後はここにいると約束した。
3. この国のものを食べた。

➡『マンガならわかる！『古事記』』11 ページ「第1章　天地初めて発けし時」の 29 ページ

正解　3

問 11
死者が行く地下の世界から戻られた伊邪那岐命は「竺紫（つくし）の日向（ひむか）の橘の小門（おど）の阿波岐（あわき）原」で身を清められました。この行為は何と呼ばれているでしょうか。最もふさわしいものを選んでください。

1. 禊祓（みそぎはらえ）
2. 沐浴（もくよく）
3. 柴燈護摩（さいとうごま）

➡『マンガならわかる！『古事記』』11 ページ「第1章　天地初めて発けし時」の 34 ページ他

正解　1

問 12
死者が行く世界から戻られた伊邪那岐命は、水の底と中ほど、さらに水の上で身を清められました。以下のうち、その時に成った神と違うものはどなたでしょうか。

1. 綿津見神（わたつみのかみ）
2. 筒之男命（つつのおのみこと）
3. 道反之大神（ちがえしのおおかみ）

➡『マンガならわかる！『古事記』』11 ページ「第1章　天地初めて発けし時」の 33、36 ページ

正解　3

問 13
死者が行く地下の世界から戻られた伊邪那岐命が、左目と右目、鼻を洗うと「三貴子（さんきし）」が誕生します。このとき、鼻を洗って生まれた神様とはどなたでしょうか。

1. 天照大御神（あまてらすおおみかみ）
2. 月読命（つくよみのみこと）
3. 建速須佐之男命（たけはやすさのおのみこと）

➡『マンガならわかる！『古事記』』11 ページ「第

1章　天地初めて発けし時」の 37 ページ

正解　3

問 14
伊邪那岐命は三貴子にそれぞれの世界を治めるように命じられます。そのとき、「夜の食国（おすくに）を治めなさい」と命じられた神様はどなたでしょうか。

1．天照大御神　　2．月読命
3．須佐之男命

➡『マンガならわかる！『古事記』』11 ページ「第 1 章　天地初めて発けし時」の 37、38 ページ

正解　2

問 15
それぞれの世界を治めるように命じられた三貴子のうち、須佐之男命はその命令に背いて激しく泣きじゃくるばかりです。亡くなった母のいる国へ行きたいと言って泣いていたのですが、その国とは何とされているでしょうか。

1．常世国（とこよのくに）
2．根の堅州国（かたすくに）
3．葦原中国（あしはらのなかつくに）

➡『マンガならわかる！『古事記』』11ページ「第1章　天地初めて発けし時」の38ページ、61ページ「第3章　宝剣あらわる」の95ページ、99ページ「第4章　国譲り」の108ページ他

正解　2

問16
『古事記』では、最終的に伊邪那岐大神は【ア】に住まわれたとされています。『日本書紀』では、伊弉諾尊（いざなきのみこと）は【イ】に住まわれたとされています。以下のうち【ア】【イ】ではない神社を選んでください。

1．多賀大社
2．伊弉諾神宮
3．彌彦（やひこ）神社

❖　解　説　❖

彌彦神社は新潟県に鎮座し天香山命（あめのかごやまのみこと）をお祀りする神社です。

➡『マンガならわかる！『古事記』』11ページ「第1章　天地初めて発けし時」の39ページ

正解　3

問 17
弟が高天原を奪いにきたと思われた天照大御神は須佐之男命と対峙されます。その際、天照大御神は須佐之男命の何を借りて嚙み砕き、女の神様を生み出されたでしょか。

1. 弓　2. 剣　3. 勾玉

➡ 『マンガならわかる!『古事記』』41 ページ「第 2 章　天石屋戸」の 43、45 ページ

正解　2

問 18
須佐之男命は高天原でさまざまな乱暴なふるまいをして、天照大御神を困らせてしまいます。須佐之男命はどんなことをされたのでしょうか。

1. 農耕や神事の妨害
2. 建築や交通の妨害
3. 養蚕や治安の妨害

➡ 『マンガならわかる!『古事記』』41 ページ「第 2 章　天石屋戸」の 47 ページ

正解　1

問 19
高天原での須佐之男命のいたずらはどんどんエスカレートしていきます。かばいだてしていた天照大御神ですが、ついには、うちひしがれて、あるところに隠れてしまわれます。そこは以下のうち、どこでしょうか。

1. 天石屋戸（あめのいわやと）
2. 黄泉戸（よみど）
3. 千位の置戸（ちくらのおきど）

➡ 『マンガならわかる！『古事記』』41ページ「第2章 天石屋戸」の49、57ページ、11ページ「第1章 天地初めて発けし時」の33ページ

正解　1

問 20
高天原で天照大御神が隠れてしまわれると、真っ暗になってあらゆる災いがおこりました。困り果てた神々は思金神（おもいかねのかみ）に打開策を考えさせました。思金神はお祭りをしようと考えますが、そのためにやらせたこととして正しいものを選んでください。

1. 常世の長鳴蛙（ながなきかえる）を鳴かせ

て、お祭りを荘厳なものに演出した。
2. 堅い岩を取ってきて、伊斯許理度売命（いしこりどめのみこと）に剣を作らせた。
3. 玉祖命（たまやのみこと）に勾玉（まがたま）をつないだ珠（たま）を作らせた。

➡『マンガならわかる！『古事記』』41ページ「第2章　天石屋戸」の50ページ

正解　3

以下の文章を読んで問21と問22の設問に答えてください。

　高天原で、あるところにお隠れになった天照大御神に出てきてもらうため、【ア】に生えている榊を根ごとにもってきてさまざまなものを取り付け、天児屋命（あめのこやねのみこと）が【イ】を申し上げました。

問21
【ア】に入る言葉として正しいものを選んでください。

1. 天の香山（かぐやま）
2. 畝傍山（うねびやま）
3. 耳成山（みみなしやま）

問22
【イ】に入る言葉として最もふさわしいものを選んでください。

1．呪文　　2．祝詞（のりと）　　3．詩歌

➡『マンガならわかる！『古事記』』41ページ「第2章　天石屋戸」の52、53ページ

問21　正解　1　　　問22　正解　2

問23
高天原で、あるところにお隠れになっていた天照大御神は、外の様子が変だと思われ様子をうかがい、ついには身を乗り出されます。その時、天手力男神（あめのたぢからおのかみ）が手を取って引き出しましたが、そこに至るまでの出来事として間違っているものを選んでください。

1．思金神はじめ多くの神々が踊り出し、酒を飲んで歌い、皆が神がかって笑って楽しんだ。
2．天宇受売命（あめのうずめのみこと）が天照大御神に「あなたよりもっと貴い神様がいらっしゃるから、皆、楽しく笑っている」と申し上げた。

3．鏡を差し出して天照大御神を示した。

➡ 『マンガならわかる！『古事記』』41ページ「第2章 天石屋戸」の54ページ

正解　1

問24

八百万の神々の努力の結果、お隠れになっていた天照大御神が出てこられると、世の中は明るくなり災いもなくなりました。天照大御神が隠れていたところには何かがはられて二度と中に入れないようにされました。そのはられたものとは何でしょうか。

1．榊　　2．護符　　3．注連縄

➡ 『マンガならわかる！『古事記』』41ページ「第2章 天石屋戸」の56ページ

正解　3

問25

ある時、須佐之男命は大気津比売神（おおげつひめのかみ）に食べ物を用意するようにと言いつけました。しかし、その料理のやり方を見た須佐之男命は大気津比売神を殺してしまいました。なぜ、殺してしまったのでしょうか。

1. 最近、親しい人が亡くなって喪（も）の最中であったにもかかわらず、それを隠して料理をしていたから。
2. 神様にお供えして日がずいぶん経ったものを料理していたから。
3. 鼻や口、また尻からさまざまな食べ物を取り出して料理したから。

➡『マンガならわかる！『古事記』』41 ページ「第2章　天石屋戸」の 58 ページ

正解　3

問 26
ヒゲを切り、手足の爪もぬかれて高天原から追放された須佐之男命はどこに天降られたでしょうか。

1. 信濃国（しなののくに）
2. 出雲国（いずものくに）
3. 木国（きのくに）

➡『マンガならわかる！『古事記』』61 ページ「第3章　宝剣あらわる」の 62 ページ

正解　2

問 27
以下の文章の空欄【 】に入る言葉として正しいものはどれでしょうか。

　高天原から天降られた須佐之男命は足名椎（あしなづち）に出会います。この足名椎は【 】です。それは、高天原にいる神や天降る神を指す「天（あま）つ神」に対し、地上にいる神を指しています。

1．地の神　　2．国つ神　　3．人つ神

➡ 『マンガならわかる！『古事記』』61ページ「第3章　宝剣あらわる」の 62ページ

正解　2

問 28
須佐之男命が十拳剣（とつかのつるぎ）で八俣大蛇（やまたのおろち）を斬り放つと、その尾から剣が出てきて天照大御神に献上されました。この剣は、『古事記』『日本書紀』のいくつもの場面で登場しますが、その剣の名前として間違っているものを選んでください。

1．草那芸の大刀（くさなぎのたち）
2．天叢雲剣（あめのむらくものつるぎ）
3．天村雨（あめのむらさめの）剣

➡ 『マンガならわかる!『古事記』』61ページ「第3章 宝剣あらわる」の68ページ

正解 3

問29
以下の文章の空欄【 】に入る言葉として正しいものを選んでください。

　須佐之男命と櫛名田比売（くしなだひめ）との間には男子が生まれました。その子から5代を経て誕生されたのが【 】です。『日本書紀』では素戔嗚尊（すさのおのみこと）と奇稲田姫（くしいなだひめ）の子とされています。

1．大年神（おおとしのかみ）
2．大国主神（おおくにぬしのかみ）
3．大直毘神（おおなおびのかみ）

➡ 『マンガならわかる!『古事記』』61ページ「第3章 宝剣あらわる」の70ページ、11ページ「第1章 天地初めて発けし時」の35ページ

正解 2

以下の文章を読んで問30と問31の設問に答えてください。

　大穴牟遅（おおなむじの）神は【ア】でウサギを助けます。ウサギは【イ】をだましたことから毛皮

をはがされてしまっていました。そこを通りがかった大穴牟遅神の兄たちから間違った傷の治療法を教わって大変なことになっていたのですが、正しいやり方を教えて救ったのです。

初級

問30
【ア】に入る言葉として正しいものを選んでください。

1．稲佐（いなさ）　　2．隠岐（おき）
3．稲羽（いなば）

問31
【イ】に入る言葉として正しいものを選んでください。

1．ワニ　　2．カニ　　3．イノシシ

➡『マンガならわかる！『古事記』』61ページ「第3章　宝剣あらわる」の71、72ページ

問30　正解　3
問31　正解　1

問 32
大穴牟遅神は兄たちからの迫害を逃れるため、根の堅州国へ行くことになりました。ここでも試練を受けることになりますが、根の堅州国のどなたを頼って行くことになったのでしょうか。

1. 伊邪那岐命
2. 須佐之男命
3. 天手力男神

➡『マンガならわかる！『古事記』』61ページ「第3章 宝剣あらわる」の79ページ、41ページ「第2章 天石屋戸」の56ページ

正解　2

問 33
大穴牟遅神は『古事記』の中で、いくつもの名前で呼ばれていきます。以下のうち、その名前として間違っているものを選んでください。

1. 大国主（おおくにぬしの）神
2. 八千矛（やちほこの）神
3. 大屋毘古（おおやびこの）神

➡『マンガならわかる！『古事記』』61ページ「第3章 宝剣あらわる」の86、77ページ

正解 3

初級

以下の文章を読んで問34と問35の設問に答えてください。

　大国主神は海からやって来られた協力者と【　】をされていきます。

問34
下線部の「海からやって来られた協力者」とはどなたでしょうか。「神産巣日神の御子(みこ)」とされています。

1．少名毘古那（すくなびこなの）神
2．久延毘古（くえびこ）
3．沫那芸（あわなぎの）神

問35
【　】に入る言葉として正しいものを選んでください。

1．国探し　　2．国作り　　3．土地作り

➡『マンガならわかる！『古事記』』61ページ「第3章　宝剣あらわる」の94、95ページ、11ページ「第1章　天地初めて発けし時」の25ページ

問34　正解　1

問35　正解　2

問 36

「国譲り」に関する問題です。建御雷（たけみかずちの）神が高天原から葦原中国に向かわれるまでの経緯として間違っているものを選んでください。

1. 最初に、高御産巣日神が息子の天忍穂耳命（あめのおしほみみのみこと）に葦原中国に行ってそこを統治しなさいと命じられた。
2. 天忍穂耳命は途中まで行って地上の国が乱れていると思い、高天原に戻ってきた。
3. 建御雷神が向かわれる前に、二柱の神がそれぞれ派遣されたが、大国主神に媚びへつらったり、その娘と結婚したりして使命を果たさなかった。

❖　解　説　❖

最初に、息子の天忍穂耳命に葦原中国に行ってそこを統治しなさいと命じられたのは、高御産巣日神ではなく天照大御神です。

➡『マンガならわかる！『古事記』』99ページ「第4章　国譲り」の100～107ページ

正解　1

問 37
建御雷神は大国主神に「国譲り」を迫ります。大国主神は自分の子に判断を委ねました。するとその子である神様の一人は、すぐに了承し、乗っていた船を踏んで傾け、天(あま)の逆手(さかて)を打って青い柴の垣として、その内に隠れました。この大国主神の子で神託を伝える神とはどなたでしょうか。

1. 天鳥船(あめのとりふねの)神
2. 大物主(おおものぬしの)神
3. 八重言代主(やえことしろぬしの)神

初級

➡『マンガならわかる!『古事記』』99ページ「第4章 国譲り」の109、107ページ、61ページ「第3章 宝剣あらわる」の96ページ

正解 3

問 38
大国主神の子の一人は建御雷神に戦いを挑みますが、簡単に打ち負かされてしまいます。諏訪の湖にまで追い詰められて命乞いをして許された神様で、諏訪大社に祀られている神様とはどなたでしょうか。

1. 迦具土（かぐつちの）神
2. 天尾羽張（あめのおはばりの）神
3. 建御名方（たけみなかたの）神

➡ 『マンガならわかる！『古事記』』99ページ「第4章 国譲り」の112、107ページ、11ページ「第1章 天地初めて発けし時」の27、28ページ

正解　3

問 39
以下の文章の下線部「立派な宮殿」とはどこのことを指しているとされているでしょうか。
　大国主神の子どもたちの了承を得た建御雷神は大国主神に最後の決断を求めます。すると大国主神は次のようなことを言いました。
「この葦原中国は献上します。その条件として私のために立派な宮殿を造ってください。さすれば私は遥か遠い幽界に身を隠します」

> 1. 大神（おおみわ）神社
> 2. 高鴨（たかがも）神社
> 3. 出雲大社

➡ 『マンガならわかる！『古事記』』99ページ「第4章 国譲り」の113、106ページ、61ページ「第3章 宝剣あらわる」の92、96ページ

正解　3

> 問40
> 「天孫降臨」についての問題です。天孫・邇邇芸命（ににぎのみこと）はどなたにとっての孫でしょうか。
>
> 1. 天照大御神と神産巣日神
> 2. 天照大御神と月読命
> 3. 天照大御神と高木神

➡ 『マンガならわかる！『古事記』』117ページ「第5章 天孫降臨」の118ページ、99ページ「第4章 国譲り」の104ページ

正解　3

以下の文章を読んで問 41 と問 42 の設問に答えてください。

天孫が天降ろうとする途中の幾筋にも分かれる辻に<u>立っている神</u>がいました。天照大御神は、ある神に対して「そなたは敵対した神に面と向かって<u>にらみ勝つ神だ</u>」と言い、その神が誰なのか尋ねてくるように命じました。

問 41
下線部の「<u>立っている神</u>」で、天孫降臨に際してご先導役を務めた神様とはどなたでしょうか。

1. 塩椎（しおつちの）神
2. 猿田毘古（さるたびこの）神
3. 伊豆能売（いずのめの）神

問 42
下線部の「<u>にらみ勝つ神</u>」とは、どなたのことを指しているでしょうか。

1. 天宇受売神
2. 石巣比売（いわすひめの）神
3. 秋津比売（あきづひめの）神

➡『マンガならわかる!『古事記』』117ページ「第5章　天孫降臨」の119ページ、11ページ「第1章　天地初めて発けし時」の24、35ページ、141ページ「第6章　ウミサチ・ヤマサチ」の144ページ

問41　正解　2
問42　正解　1

問43
以下の文章を読んで【ア】【イ】に入る言葉の組み合わせとして正しいものを選んでください。

　天照大御神は【ア】、布刀玉（ふとだまの）命、天宇受売命、伊斯許理度売命、玉祖命の五柱の神を天孫に従わせて降臨させました。この神たちは、当時の大和朝廷を支える氏族たちの始祖としても語られています。この5柱の神のことを【イ】と言います。

1．ア、天児屋（あめのこやねの）命
　　イ、五伴緒（いつとものお）
2．ア、天児屋命
　　イ、五番神（いつつがいのかみ）
3．ア、倭建（やまとたけるの）命
　　イ、五伴緒

→『マンガならわかる!『古事記』』117ページ「第5章 天孫降臨」の120ページ、207ページ「第10章 倭建命の旅路」の208ページ

正解　1

以下の文章を読んで問44から問47までの設問に答えてください。

同じく「天孫降臨」での場面です。天照大御神は、<u>八尺（やさか）の勾玉、鏡、草那芸剣</u>を授けられました。また常世思金神、手力男神、<u>天石門別（あめのいわとわけの）神</u>を迩迩芸（ににぎの）命に従わせました。そして、邇邇芸命には「<u>この鏡は、ひたすら私の御魂（みたま）として、私の御前（みまえ）を拝するように大切に斎（いつ）きまつりなさい</u>」、また【ア】には「おまえは政事（まつりごと）をしっかりと行いなさい」と仰せになりました。

問44
下線部の「<u>八尺（やさか）の勾玉、鏡、草那芸剣</u>」は一般に何と呼ばれるでしょうか。最もふさわしいものを選んでください。

1. 三種の神器
2. 天璽瑞宝（あまつしるしのみずたから）
2. 剣璽神鏡（けんじしんきょう）

初級

問 45

下線部の「天石門別(あめのいわとわけの)神」は何の神様でしょうか。

1. 玉作りの神
2. 宮殿の門を守る神
3. 時間を司る神

問 46

下線部の「この鏡は、ひたすら私の御魂(みたま)として、私の御前(みまえ)を拝するように大切に斎(いつ)きまつりなさい」に関して、『日本書紀』にはもっと詳しく「この鏡は私だと思って同じ御殿にまつりなさい」といった内容の「神勅(しんちょく)」が下されていますが、この神勅のことは何と称されているでしょうか。

1. 天壌無窮(てんじょうむきゅう)の神勅
2. 斎庭(ゆにわ)の穂(いなほ)の神勅
3. 宝鏡奉斎(ほうきょうほうさい)の神勅

問 47
【ア】に入る言葉として正しいものを選んでください。

1．思金神
2．手力男神
3．天石門別神

➡『マンガならわかる！『古事記』』117 ページ「第5章　天孫降臨」の 121、122 ページ

問 44　正解　1
問 45　正解　2
問 46　正解　3
問 47　正解　1

問 48
以下は天孫降臨の模様について書かれた文章です。以下の文章の空欄【　】に入る言葉として正しいものを選んでください。

　邇邇芸命は八重にたなびく天の雲を押し分け、激しい神の威力でもって道をかき分けかき分けて、天の浮橋、浮島にお立ちになり竺紫の日向の【　】の霊峰（くじふるたけ）に天降りされました。

1．笠沙（かささ）　　2．阿邪訶（あざか）
3．高千穂（たかちほ）

初級

➡ 『マンガならわかる！『古事記』』117ページ「第5章　天孫降臨」の123、124、126ページ

正解　3

問49
葦原中国に降臨された天孫は美しい乙女・木花之佐久夜毘売（このはなのさくやびめ）と結婚され、父親が一緒に嫁がせようとした姉の石長比売（いわながひめ）を返されてしまいます。この父親とはどなただったでしょうか。

1．綿津見神
2．野椎（のづちの）神
3．大山津見（おおやまつみの）神

➡ 『マンガならわかる！『古事記』』117ページ「第5章　天孫降臨」の127ページ

正解　3

問 50
木花之佐久夜毘売は懐妊します。しかし、一夜で懐妊したことから、邇邇芸命に疑われてしまいます。このとき、木花之佐久夜毘売はどうやって身の潔白を証明されたでしょうか。

1. 出入り口を塞いだ御殿に火をつけ、その中で出産。
2. 生まれた子の顔が邇邇芸命に似ていたことで。
3. 天照大御神にお願いして邇邇芸命の夢にお告げをしてもらった。

➡ 『マンガならわかる！『古事記』』117ページ「第5章　天孫降臨」の 130 ページ

正解　1

第12回 神社検定 問題と解説

「神社の基礎と神話」編　全100問

令和6年6月23日に行われた
「第12回 神社検定」の3級試験は、
公式テキスト①『神社のいろは』から70問、
副読本『マンガならわかる！『古事記』』から30問
が出題されました。
（問題の中には出典が重複するものもあります）

※解説に示しているのは、公式テキストに掲載されている
　関連項目のページ数です。

> **問1**
> 神社の一般的な構成に関する問題です。神域への「門」にあたり、神域と俗界を分ける結界にもあたるものとは何でしょうか。最もふさわしいものを選んでください。
>
> 1．鳥居　　　　2．玉垣（たまがき）
> 3．狛犬（こまいぬ）　4．拝殿（はいでん）

➡『神社のいろは』14ページ「鳥居について教えてください」

正解　1

> **問2**
> 本殿を有しない神社の原初的形態といわれる神社を以下から選んでください。
>
> 1．阿蘇（あそ）神社
> 2．岩木山（いわきやま）神社
> 3．大山祇（おおやまづみ）神社
> 4．大神（おおみわ）神社

❖　解　説　❖

阿蘇神社は熊本県に、岩木山神社は青森県に、大山祇神社は愛媛県に鎮座する神社です。

➡『神社のいろは』16ページ「ご本殿、拝殿につ

いて教えてください」

正解　4

問3

以下の文章の空欄【　】に入る言葉として最もふさわしいものを選んでください。

　ご本殿の中にはご神体と呼ばれるものがあります。これは、ご祭神そのものではなく神様の依代です。ですから、ご神体は【　】とも呼ばれます。

1. 御霊代（みたましろ）
2. 御樋代（みひしろ）
3. 御船代（みふなしろ）
4. 御刀代（みとしろ）

➡『神社のいろは』16ページ「ご本殿、拝殿について教えてください」

正解　1

問4

伊勢の神宮などのお社（やしろ）でよく見かけるもので、もともと萱葺き（かやぶき）や檜皮葺き（ひわだぶき）などの葺き屋根を押さえるために置かれていたものとは何でしょうか。

> 1. 千木（ちぎ）　2. 鬼板（おにいた）
> 3. 破風（はふ）　4. 鰹木（かつおぎ）

❖ 解　説 ❖

　鬼板は、檜皮葺きなどで鬼瓦の代わりに取り付ける板のことをいいます。
➡『神社のいろは』18ページ「玉垣と千木、鰹木について教えてください」

正解　4

以下の文章を読んで問5と問6の設問に答えてください。

　明治時代以降、戦前までは【ア】【イ】には、原則として一定の基準がありました。
【ア】は、本社のご祭神の姫神（后や妃、娘）や御子神（みこがみ・子供）、その他、本社にゆかりのある神、さらにその土地に古くから鎮座していた地主神を祀るものです。また、ご祭神が現在の地に祀られる前にご鎮座していた旧跡にある神社のこともいいました。そして、それ以外の神を祀るものを【イ】といい、【ア】は【イ】より上位に置かれていました。この他、伊勢の神宮などでは、特に本社ご祭神と関係の深い社を【ウ】と称しています。

> **問5**
> 【ア】【イ】に入る言葉の組み合わせとして正しいものを選んでください。

1. ア、幣社（へいしゃ）　イ、別社
2. ア、別社　イ、幣社
3. ア、末社　イ、摂社（せっしゃ）
4. ア、摂社　イ、末社

問6
【ウ】に入る言葉として正しいものを選んでください。

1. 別宮（べつぐう）　　2. 末宮
3. 摂宮　　　　　　　4. 幣宮

➡『神社のいろは』21ページ「境内にある小さなお社について教えてください」

問5　正解　4　　問6　正解　1

問7
以下の文章の空欄【　】に入る言葉として正しいものを選んでください。
　ご本殿には大きく分けて二つの様式があります。一つは日本の原初的な高床式の穀倉（こくそう）の形から派生した【　】と、もう一つは古代の住居の形から発展した大社造（たいしゃづくり）です。【　】のご本殿は伊勢の神宮に代表される形式で、大社造のご本殿は出雲大社に代表される形式です。

1. 寝殿造（しんでんづくり）
2. 校倉造（あぜくらづくり）
3. 神宮造
4. 神明造（しんめいづくり）

➡ 『神社のいろは』28ページ「社殿の種類について教えてください」

正解　4

問8
手水に関する文章として間違っているものを選んでください。

1. 禊（みそぎ）を簡略化したものである。
2. 大方は手水舎で行う。
3. 茶室に入る前に手や口を清める蹲（つくばい）も同じ考えに基づく。
4. 一般的な作法は右手を清め、左手を清め、左手に水を受けて口をすすぐ、という順番である。

➡ 『神社のいろは』34ページ「手水の使い方について教えてください」

正解　4

問9
神輿（みこし）を数える単位は以下のうちどれでしょうか。

1. 体
2. 柱
3. 連（れん）
4. 基（き）

➡『神社のいろは』45ページ「お札やお守り、神様の数え方について教えてください」

正解　4

問10
以下の文章の空欄【　】に入る言葉として最もふさわしいものを選んでください。

　玉串（たまぐし）とは榊の枝に紙垂（しで）や【　】を付けたもので、お参りのときに神前に捧げるものです。

1. 鏡
2. 小銭
3. 木綿（ゆう）
4. 玉

➡『神社のいろは』48ページ「昇殿参拝の作法①玉串料と服装について教えてください」

正解　3

問11
以下の文章の空欄【 】に入る言葉として正しいものを選んでください。

　神様をお祭りする祭事に先立って、神職はじめ参列者、また、神前に出るものはすべて【 】を受けます。

1. 修祓（しゅばつ）
2. 勧請（かんじょう）
3. 勧進（かんじん）
4. 布施（ふせ）

❖ 解 説 ❖

勧進とは寺社の建立や修理などのために寄付を集めることをいい、布施とは財物などを施すことをいいます。
➡『神社のいろは』52ページ「昇殿参拝の作法③」、「勧請」については20ページ「ご祭神と氏神さまについて教えてください」

正解　1

問12
昇殿参拝などの後に、神前から下げた神饌（しんせん）やお神酒（みき）を斎主（さいしゅ）はじめ祭員、参列者が飲食して神様の力をいただくことを何というでしょうか。最もふさわし

いものを選んでください。

1．直会（なおらい）　　2．宴会
3．納会　　　　　　　　4．饗宴

➡『神社のいろは』54ページ「昇殿参拝の作法④祝詞と玉串拝礼について教えてください」

正解　1

以下の文章を読んで問13と問14の設問に答えてください。

国学（こくがく）など江戸時代中頃に新たに出てきた思想の影響もあり、明治時代になって【ア】は廃止されます。明治政府は【イ】令を出します。それは、仏教風の神号の廃止と、神社からの仏像や仏塔の除去などを内容としたものでした。同時に、僧侶が、寺院と神社を兼ねて業務を行うことも禁止されました。これにより、神社の中にあった仏教的要素と、寺院にあった神道的要素をともに除去し、神社と寺院の区別を明確にする神仏分離が行われたのです。

問13
【ア】に入る言葉として最もふさわしいものを選んでください。

1. 神仏合同　　2. 神前読経
3. 神仏習合　　4. 寺社兼業

問 14
【イ】に入る言葉として最もふさわしいものを選んでください。

1. 本地垂迹
2. 寺社処分
3. 神仏判然（はんぜん）
4. 廃仏毀釈（はいぶつきしゃく）

➡『神社のいろは』58 ページ「仏教が神社に及ぼした影響について教えてください」
問 13　正解　3
問 14　正解　3

問 15
以下の文章の空欄【　】に入る言葉として正しいものを選んでください。
　八幡さんの起源は【　】です。第 29 代欽明（きんめい）天皇の時代（539 〜 571 年）に遡るともされています。

1. 石清水八幡宮
2. 鶴岡八幡宮

> 3．宇佐神宮
> 4．手向山（たむけやま）八幡宮

➡『神社のいろは』60ページ「八幡さんについて教えてください」

正解　3

問16
以下の文章の空欄【　】に入る言葉として正しいものを選んでください。
　石清水八幡宮は鎮護国家、王城鎮護の神様として朝廷から篤く尊崇され、伊勢の神宮に次ぐ【　】と称されました。

1．第二の社稷（しゃしょく）
2．本宗（ほんそう）
3．第二の宗廟（そうびょう）
4．元伊勢

❖ 解 説 ❖

「社稷」とは、土地の神と穀物の神を意味し、中国古代の王朝で行われた祭祀の一つです。その性格から、国家の代名詞としても用いられます。「元伊勢」とは、天照大御神（あまてらすおおみかみ）が伊勢に鎮座されるまでの宮跡として伝わる地のことをいいます（公式テキスト②『神話のおへそ』288ページ「【特別編】倭姫命巡幸の地を行く」参照）

➡️『神社のいろは』60ページ「八幡さんについて教えてください」

正解　3

問17
日本で最も数が多い神社ともいわれ、宇迦之御魂神（うかのみたまのかみ）や、保食神（うけもちのかみ）、御食津神（みけつかみ）などを主なご祭神としている神社とはどれでしょうか。

1. 天神社　　2. 天王社
3. 稲荷神社　4. 日枝神社

➡️『神社のいろは』62ページ「お稲荷さんについて教えてください」、64ページ「天神さんについて教えてください」、70ページ「祇園さん、天王さんについて教えてください」、74ページ「日吉さま、山王さまについて教えてください」

正解　3

問18
以下のうち、紀州（きしゅう）の熊野三山とは違う神社はどれでしょうか。

1. 熊野大社　　　2. 熊野本宮大社

3．熊野速玉大社　　4．熊野那智大社

➡ 『神社のいろは』66ページ「熊野神社について教えてください」

正解　1

問 19
以下の文章の空欄【　】に入る言葉として正しいものを選んでください。

　鎌倉時代以降になると、熊野【　】や熊野比丘尼（びくに）といった存在が熊野信仰を全国に普及させていきます。熊野【　】は熊野を参詣する人たちの宿泊や祈禱の世話をする人たちのことです。

1．教師　　　　　　2．法師
3．御前（ごぜん）　4．御師（おし）

➡ 『神社のいろは』66ページ「熊野神社について教えてください」

正解　4

問20

祇園（ぎおん）さん、天王（てんのう）さんと呼ばれ、牛頭天王（ごずてんのう）をお祀りしていた時もありました。素戔嗚尊（すさのおのみこと）を祀る京都に鎮座する神社はどこでしょうか。

1. 今宮神社
2. 上御霊（かみごりょう）神社
3. 車折（くるまざき）神社
4. 八坂神社

❖ 解 説 ❖

今宮神社、上御霊神社、車折神社も京都府に鎮座している神社です。今宮神社は大己貴命（おおなむちのみこと）、事代主命（ことしろぬしのみこと）、奇稲田姫命（くしなだひめのみこと）などをお祀りし、上御霊神社は崇道（すどう）天皇はじめ八柱のご祭神をお祀りしています。車折神社は清原頼業（よりなり）公をお祀りしています。

➡『神社のいろは』70ページ「祇園さん、天王さんについて教えてください」

正解　4

問21

以下の文章の空欄【 】に入る言葉として正しいものを選んでください。

日吉大社は【 】一山の鎮守神とされていきました。

1. 金剛峯寺（こんごうぶじ）
2. 輪王寺（りんのうじ）
3. 法隆寺（ほうりゅうじ）
4. 延暦寺（えんりゃくじ）

➡『神社のいろは』74ページ「日吉さま、山王さまについて教えてください」

正解　4

問22

この二つの神社は、古来、国家鎮護の神様として並び称され、崇敬されてきました。航海を司る神としても信仰され、地域への邪霊の侵入を防ぐ「境の神」という信仰もあったようです。この神社とは以下のどれでしょう。

1. 香取神宮・鹿島神宮
2. 月山(がっさん)神社・出羽(いでは)神社
3. 霧島神宮・高千穂神社
4. 住吉大社・厳島神社

❖ 解 説 ❖

　月山（がっさん）と羽黒（はぐろ）山は山形県の出羽三山のうちの二つの山で、もう一つは湯殿（ゆどの）山です。月山の頂上に鎮座する神社が月山神社で羽黒山の頂上に鎮座する神社は出羽（いでは）神社といいます。霧島神宮は鹿児島県に、高千穂神社は宮崎県に鎮座していて、ともに天孫降臨神話にちなむ神社です。

➡『神社のいろは』76ページ「香取さま、鹿島さまについて教えてください」、84ページ「住吉さんについて教えてください」、86ページ「宗像さま、厳島さまについて教えてください」

正解　1

問23
学問の神様、受験の神様として名高い天神さんです。その代表的神社は太宰府天満宮と北野天満宮ですが、ご祭神はどなたでしょうか。

1．菅原道真
2．橘逸勢（はやなり）
3．楠木正成（くすのきまさしげ）
4．藤原道長

❖ 解 説 ❖

　橘逸勢は京都府の御霊神社、下（しも）御霊神社に、楠木正成は兵庫県の湊川（みなとがわ）神社にお祀りされています。

➡ 『神社のいろは』64ページ「天神さんについて教えてください」

正解　1

問24
以下の文章の空欄【　】に入る言葉として、最もふさわしいものを選んでください。
　宮簀媛命（みやすひめのみこと）は、日本武尊の遺志を重んじ、【　】の地に神剣をお祀りされました。
　これが【　】神宮の創祀です。

1．北海道　　2．近江
3．熱田　　　4．橿原

➡ 『神社のいろは』88ページ「熱田さまについて教えてください」

正解　3

問25

以下の文章を読んで【ア】【イ】に入る言葉の組み合わせとして正しいものを選んでください。

　賀茂社は奈良時代以前より朝廷の崇敬を受け、嵯峨天皇の弘仁元年（810）より約400年にわたって、伊勢の神宮の【ア】にならい、未婚の皇女が【イ】として特別の祭事に奉仕しました。

1. ア、斎宮（さいぐう）　イ、斎院（さいいん）
2. ア、斎姫（さいき）　イ、斎院
3. ア、忌宮（いみぐう）　イ、忌院（いみいん）
4. ア、忌姫（いみき）　イ、忌院

➡『神社のいろは』92ページ「賀茂社について教えてください」

正解　1

問 26

平安遷都後に、吉野の丹生（にう）川上神社と並んで祈雨（きう）、止雨（しう）の神として朝廷から崇敬を受けた神社とはどこでしょうか。

1. 廣瀬（ひろせ）神社
2. 秋葉神社
3. 龍田（たつた）大社
4. 貴船（きふね）神社

❖ 解 説 ❖

廣瀬神社と龍田大社は奈良県に鎮座して、古来、廣瀬の「大忌（おおいみ）祭」、龍田の「風神祭」として国家的に祀られてきました（公式テキスト③『神社のいろは 続』170ページ「廣瀬神社、龍田大社について教えてください」参照）

➡『神社のいろは』94ページ「貴船神社について教えてください」、80ページ「愛宕さん、秋葉さんについて教えてください」

正解　4

問 27
酒造の神として名高い神社ですが、平安時代以降は、賀茂社と並んで王城鎮護の社として篤い崇敬を集めた神社とはどこでしょうか。

1. 平野神社　2. 吉田神社
3. 松尾大社　4. 愛宕神社

❖ 解 説 ❖

平野神社は、もともと平城京内でお祭りされていましたが、平安京遷都に伴い遷祀された神社です。吉田神社は、平安時代に大和（奈良）の春日神社が勧請されたものです。中世期に吉田兼倶（かねとも）によって再興され明治まで大きな権威を有しました（『神社のいろは　続』178ページ「平野神社について教えてください」、184ページ「吉田神社について教えてください」参照）。

➡『神社のいろは』96ページ「松尾大社について教えてください」、80ページ「愛宕さん、秋葉さんについて教えてください」

正解　3

以下は全国の神社で共通して行われる恒例祭祀について書かれた表です。問28から問33までの設問に答えてください。

歳旦祭　元旦に行われる祭典
元始祭　1月3日に行われる祭典
【ア】　2月11日の建国記念の日に行われるお祭り
【イ】　2月17日に行われる祭典。古くは「としごいのまつり」と読んだ
天長祭　2月23日、天皇陛下のお誕生日を祝して行われるお祭り
昭和祭　4月29日の昭和の日に行われるお祭り
【ウ】　10月17日に行われる祭典
明治祭　11月3日の明治天皇のお誕生日に際して行われるお祭り
【エ】　11月23日に行われる祭典
【オ】　神社にとって最も重要な恒例祭祀

問28

【ア】に入る言葉として正しいものを選んでください。

1. 祈年祭（きねんさい）
2. 新嘗祭（にいなめさい）
3. 神嘗（かんなめ）奉祝祭
4. 紀元祭（きげんさい）

問29
【イ】に入る言葉として正しいものを選んでください。

1. 祈年祭（きねんさい）
2. 新嘗祭（にいなめさい）
3. 神嘗（かんなめ）奉祝祭
4. 紀元祭（きげんさい）

問30
【ウ】に入る言葉として正しいものを選んでください。

1. 祈年祭（きねんさい）
2. 新嘗祭（にいなめさい）
3. 神嘗（かんなめ）奉祝祭
4. 紀元祭（きげんさい）

問31
【エ】に入る言葉として正しいものを選んでください。

1. 祈年祭（きねんさい）
2. 新嘗祭（にいなめさい）
3. 神嘗（かんなめ）奉祝祭

4．紀元祭（きげんさい）

問32
【オ】に入る言葉として正しいものを選んでください。

1．例祭（れいさい）
2．月次祭（つきなみさい）
3．除夜祭（じょやさい）
4．日供祭（にっくさい）

問33
以下の祭祀のうち大祭でないものとはどれでしょうか。

1．例祭　　2．新嘗祭
3．祈年祭　4．月次祭

➡『神社のいろは』102ページ「神社のお祭りについて教えてください」、104ページ「恒例の大祭について教えてください」、106ページ「中祭について教えてください」、107ページ「小祭について教えてください」

問28	正解	4	問29	正解	1
問30	正解	3	問31	正解	2
問32	正解	1	問33	正解	4

問34
社殿の造り替えなどに際して、ご祭神をお遷しするときに行われる祭典のことを何というでしょうか。最もふさわしいものを選んでください。

1. 式年祭（しきねんさい）
2. 遷座祭（せんざさい）
3. 合祀祭（ごうしさい）
4. 分祀祭（ぶんしさい）

➡『神社のいろは』105ページ「臨時の大祭について教えてください」
正解　2

以下の文章を読んで問35と問36の設問に答えてください。
　普段はご本殿にお鎮まりになっている神様ですが、お祭りによっては神輿や鳳輦（ほうれん）に乗られて氏子地域をお渡りになります。それをご神幸といい、神様が氏子区域を【ア】され、【イ】にとどまられます。そして、神様がお宮に戻られることを【ウ】といいます。

問35

【ア】【ウ】の組み合わせとして一般的に最もふさわしいものを選んでください。

1. ア、還御（かんぎょ）　ウ、渡御（とぎょ）
2. ア、進御　ウ、宮御（みやぎょ）
3. ア、渡御　ウ、還御
4. ア、宮御　ウ、進御

問36

【イ】に入る言葉として一般的に最もふさわしいものを選んでください。

1. お旅所（たびしょ）
2. お休処（やすみどころ）
3. お枕処
4. お遍路

➡『神社のいろは』114ページ「神輿について教えてください」

問35　正解　3
問36　正解　1

問 37
人の一生の折々の節目で神様への祈りと感謝を捧げる人生儀礼のうち、誕生後初めて氏神様にお参りすることを何というでしょうか。

1. 初宮（はつみや）詣で
2. 七五三
3. 着帯（ちゃくたい）の祝い
4. 一歳の祝い

➡ 『神社のいろは』118ページ「初宮詣でと七五三について教えてください」

正解　1

問 38
以下の記述のうち厄年の説明として適切ではないものを選んでください。

1. 肉体的な変調をきたしやすい年齢とされている。
2. 家庭的にも対社会的にも転機を迎えやすい年齢とされている。
3. 慎むべき年で、神事に携わってはならないとされている。
4. 数え年の男性の42歳と、女性の33歳は本厄とされている。

➡『神社のいろは』120ページ「厄払いについて教えてください」

正解 3

問39
神前結婚式は、あることがきっかけで明治以降に広く普及するようになりました。そのきっかけとは何でしょうか。

1. 有名芸能人が神社で行った
2. 皇室のご婚儀
3. 有名作家が神社で行った
4. 大ヒット小説の中で描かれた

➡『神社のいろは』121ページ「神前結婚式について教えてください」

正解 2

問40
神職の職階で正しくないものを選んでください。

1. 宮司（ぐうじ）
2. 律師（りっし）
3. 権禰宜（ごんねぎ）
4. 禰宜

➡『神社のいろは』123ページ「神職について教えてください

正解　2

問41
以下の記述のうち、巫女の説明として正しくないものを選んでください。

1. 正式な巫女になるには神職資格が必要である。
2. 巫女と神職が行うことには違いがある。
3. 古代においては、神様のお告げを聞き神意を伝える重要な存在だった。
4. 多くの神社で、白衣に緋色（ひいろ）の袴を着けて奉仕している。

➡『神社のいろは』124ページ「巫女さんについて教えてください」

正解　1

問42
神棚へのお神札（ふだ）の納め方について正しいものを選んでください。以下は三社造の場合は、「中央→向かって右→左」を表していて、一社造の場合は、「一番手前→その後ろ→さらにその後ろ」を表しています。

1. 氏神神社神札 → 神宮大麻(じんぐうたいま) → 崇敬神社神札
2. 神宮大麻 → 氏神神社神札 → 崇敬神社神札
3. 神宮大麻 → 崇敬神社神札 → 氏神神社神札
4. 崇敬神社神札 → 氏神神社神札 → 神宮大麻

➡『神社のいろは』130ページ「神棚の祀り方①」

正解 2

問43
家屋やビルなどの建築に際して行われるお祭りがあります。以下のうち、そのお祭りでないものを選んでください。

1. 地鎮祭(じちんさい)
2. 上棟祭(じょうとうさい)
3. 竣工祭(しゅんこうさい)
4. 殿上祭(でんじょうさい)

➡『神社のいろは』147ページ「地鎮祭、上棟祭、竣工祭について教えてください①」

正解 4

以下の文章を読んで問 44 から問 48 までの設問に答えてください。

神宮とは、天照大御神（あまてらすおおみかみ）をお祀りする【ア】と、豊受大御神（とようけおおみかみ）をお祀りする【イ】の両宮をはじめとして、１０９の摂社、末社、所管社などを合わせた125社の総称です。

皇室の【ウ】である天照大御神は、万物を育む太陽にたとえられる神で、あらゆる神々の中で最高位にある日本国民の総氏神です。豊受大御神は、天照大御神に【エ】を差し上げる御饌都神（みけつかみ）で、広く産業の神としても信仰されています。【オ】への参拝に先立ち、【カ】にお参りするのが正式とされています。

問 44
【ア】に入る言葉として正しいものを選んでください。

1．天照神宮　　2．大御神宮
3．皇大（こうたい）神宮
4．本宗（ほんそう）神宮

問 45
【イ】に入る言葉として正しいものを選んでください。

1. 御饌大神宮
2. 豊御神宮
3. 豊受大神宮
4. 度会（わたらい）大神宮

問 46
【ウ】に入る言葉として正しいものを選んでください。

1. 産土（うぶすなの）神
2. 祖先神
3. 護法（ごほう）神
4. 勧請（かんじょう）神

問 47
【エ】に入る言葉として最もふさわしいものを選んでください。

1. 衣服　2. 調度品
3. 食事　4. 家屋

問 48
【オ】と【カ】に入る言葉の組み合わせとして最もふさわしいものを選んでください。

1. オ、内宮（ないくう）　カ、外宮（げくう）
2. オ、外宮　カ、内宮
3. オ、上宮（じょうぐう）　カ、下宮（げぐう）
4. オ、下宮　カ、上宮

➡『神社のいろは』152ページ「神宮とは何か教えてください」

問44　正解　3　　問45　正解　3
問46　正解　2　　問47　正解　3
問48　正解　1

以下の文章を読んで問49から問51までの設問に答えてください。

神宮の恒例祭典のうち最も重要なお祭りが【ア】で、それに次ぐ6月と12月の【イ】を合わせて「三節祭（さんせつさい）」といいます。

神宮のお祭りは、本来、天皇陛下が自ら神恩に感謝され国の平安を祈る親祭（しんさい）です。三節祭と祈年祭、新嘗祭では、天皇陛下の名代として【ウ】がお祭りに奉仕し、現在は天皇陛下の妹にあたる黒田清子様がその大役を務めています。また、

天皇陛下より神様へのお供えである幣帛が奉納され、【ア】と、祈年祭、新嘗祭には陛下のお使いである勅使が遣わされます。

問 49

【ア】に入る言葉として正しいものを選んでください。

1．神宮祭　　　　2．月次祭
3．由貴祭（ゆきさい）　4．神嘗祭

問 50

【イ】に入る言葉として正しいものを選んでください。

1．神宮祭　2．月次祭
3．由貴祭　4．神嘗祭

問 51

【ウ】に入る言葉として最もふさわしいものを選んでください。

1．幣主　2．大宮司
3．少宮司　4．祭主

➡ 『神社のいろは』154ページ「神宮のお祭りについて教えてください」

問49 正解 4　　問50 正解 2
問51 正解 4

問52
以下の文章の空欄【 】に入る言葉として正しいものを選んでください。
　神宮には両正宮はじめ摂末社などの多くにもそれぞれ東と西に同じ大きさの御敷地（みしきち、新御敷地・古殿地／こでんち）があり、【 】ごとに同じ形の社殿を交互に新しく造り替えています。

1. 10年　　2. 15年
3. 20年　　4. 25年

➡ 『神社のいろは』156ページ「神宮式年遷宮について教えてください」

正解 3

問53
以下の文章の空欄【 】に入る言葉として正しいものを選んでください。
　神宮式年遷宮では約800種・1600点に

ものぼる【　】も古式のままに調進されます。
【　】とは神様の衣服や服飾品をはじめ、神座や殿舎の敷設品（ふせつひん）（被／ふすま、帳／ちょう、幌／とばりなど）、遷御（せんぎょ）などに用いる品々や、紡績具、武器、武具、馬具、楽器、文具、日用品など、神様の御用に供する調度品です。

1. 御敷設神宝（おんふせつしんぽう）
2. 御装束調度
3. 御敷設調度
4. 御装束神宝

➡『神社のいろは』158ページ「御遷宮の御用材と御装束神宝について教えてください」

正解　4

問54
神宮は私幣禁断です。しかし、平安時代末期から一般の伊勢参宮が増えてきます。その背景にあるのは伊勢信仰を普及させていったある存在です。その人たちのことを何というでしょうか。

1. 神道使　　2. 御師（おんし）
3. 伝道師　　4. 神宮使

➡ 『神社のいろは』160ページ「お伊勢参りについて教えてください」

正解　2

問 55
以下の文章の空欄【　】に入る言葉として最もふさわしいものを選んでください。

　江戸時代になって世情が安定し、全国的に街道が整えられると、お伊勢参りはますます盛んになります。庶民たちは【　】をつくり、毎月、積み立てをして旅の資金としました。それでも全員が行けるわけではなく、代表をくじで選んで参詣に向かいました。

1．参り講　　2．伊勢講
3．参り組　　4．伊勢組

➡ 『神社のいろは』160ページ「お伊勢参りについて教えてください」

正解　2

以下の文章を読んで問56から問58までの設問に答えてください。

　天皇陛下は、日々、ご祖先と神々に感謝され広く世の中の平安をお祈りされています。長い伝統を持

つこの皇室祭祀が行われているところが、皇居内に鎮座する宮中三殿(きゅうちゅうさんでん)と神嘉殿(しんかでん)、そして、皇居の外にある歴代天皇の山陵(さんりょう)です。

宮中三殿のうち、【ア】には皇祖・天照大御神がお祀りされています。【イ】には、神武天皇はじめ歴代の天皇、皇后、皇族の御霊がお祀りされています。【ウ】には天地の神、天神地祇八百万神(てんじんちぎやおよろずのかみ)がお祀りされています。

皇室祭祀には、大きく分けて毎年行われる恒例祭祀と臨時祭祀があります。その祭祀は、大祭と小祭に分けられますが、大祭は天皇陛下が自らお祭りされ、小祭は天皇陛下が拝礼され、【エ】長に祭らせることとされています。【エ】とは皇室祭祀に奉仕する人たちのことです。

問56
【ア】【イ】【ウ】に入る言葉の組み合わせとして正しいものを選んでください。

1. ア、賢所(かしこどころ)
   イ、皇霊殿(こうれいでん)　ウ、神殿
2. ア、皇霊殿　イ、神殿　ウ、賢所
3. ア、神殿　イ、賢所　ウ、皇霊殿
4. ア、賢所　イ、神殿　ウ、皇霊殿

問57

下線部の恒例祭祀に関連して、以下の文章の空欄【 】に入る言葉として正しいものを選んでください。

　元日の早朝、天皇陛下が伊勢の神宮および四方の神々を遙拝され、世の平安を祈られる年中最初の儀式とは【 】です。

1. 節折（よおり）の儀
2. 鎮魂（ちんこん）の儀
3. 四方拝（しほうはい）
4. 元日拝

問58

【エ】に入る言葉として正しいものを選んでください。

1. 掌斎（しょうさい）
2. 掌典（しょうてん）
3. 斎職
4. 典職

➡『神社のいろは』168ページ「宮中三殿について教えてください」、170ページ「皇室祭祀について教えてください」、172ページ「恒例祭祀」

問56　正解　1　　問57　正解　3
問58　正解　2

以下の文章を読んで問 59 から問 61 までの設問に答えてください。

特に皇室と歴史的に関係が深い神社には、例祭や臨時祭に天皇陛下のお使いである勅使が参向します。これらの神社を勅祭社（ちょくさいしゃ）といい、現在、全国に 16 社があります。このうち、宇佐神宮と【ア】には 10 年ごと、鹿島神宮と【イ】には 6 年ごとの例祭に勅使が差遣され、【ウ】には春秋 2 度の例大祭に勅使が遣わされています。

問 59
【ア】に入る神社を選んでください。

1. 氷川（ひかわ）神社　　2. 近江神宮
3. 出雲大社　　4. 香椎宮（かしいぐう）

問 60
【イ】に入る言葉として正しいものを選んでください。

1. 橿原神宮　　2. 香取神宮
3. 熱田神宮　　4. 春日大社

問 61
【ウ】に入る神社を選んでください。

1. 明治神宮　　　2. 平安神宮
3. 石清水八幡宮　4. 靖國神社

➡『神社のいろは』173 ページ「勅祭社について教えてください」
問 59　正解　4　　問 60　正解　2
問 61　正解　4

以下の文章を読んで問 62 から問 66 までの設問に答えてください。

　7世紀になって朝廷は、その法体系のなかに日本独自の神祇制度を組み込んでいきました。古代において、その存在・役割を国家的に認められた神社を官社といいます。これらの神社には、祭祀を扱っていた行政機構の【ア】から、祈年祭のときに幣帛が献じられました。

　それが平安時代になると、重要度に応じて大社と小社に区分されました。さらに、祈年祭に際して、【ア】に出向いて幣帛を受ける神社・【イ】と、地方の行政官から幣帛を受ける神社・【ウ】とに分けられるようになりました。この時点の神社の一覧が『延喜式』に記されているのです。祈年祭以外にも幣帛を受ける神社もあり、また、特に霊験あらたか

な【エ】と呼ばれる神社もあり、『延喜式』にはその旨も記載されています。

その『延喜式』巻9・10に記載された二八六一社の神社のことを【オ】といい、また、その『延喜式』巻9・10のことを【カ】といいます。

問62
【ア】に入る言葉として正しいものを選んでください。

1. 神祇院
2. 神祇官
3. 太政官
4. 内蔵（くら）寮

問63
【イ】【ウ】に入る言葉の組み合わせとして正しいものを選んでください。

1. イ、天帛（てんぱく）社
   ウ、地帛（ちはく）社
2. イ、天神（てんじん）社
   ウ、地祇（ちぎ）社
3. イ、官幣（かんぺい）社
   ウ、国幣（こくへい）社
4. イ、官祭（かんさい）社
   ウ、国祭社

問64
【エ】に入る言葉として正しいものを選んでください。

1. 明神大社　　2. 名神大社
3. 官幣大社　　4. 神祇大社

問65
【オ】に入る言葉として正しいものを選んでください。

1. 延喜社　　2. 記載社
3. 律令社　　4. 式内社

問66
【カ】に入る言葉として正しいものを選んでください。

1. 国史見在社
2. 神祇官幣帛帳
3. 延喜式神名（じんみょう）帳
4. 国史記載社

❖ 解 説 ❖

問62の神祇院は昭和15年(1940)にできた神社行政機関です。太政官とは、古代においては律令制のもとに行政組織を管轄したところです。明治維新によって太政官は復興され政務を司りますが、内閣制度が発足したことにより廃止されました。内蔵寮は律令制において宮中の御料を司った役所です。問66の国史見在社とは、六国史(りっこくし。『日本書紀』『続日本紀／しょくにほんぎ』『日本後紀／にほんこうき』『続日本後紀』『日本文徳天皇／もんとくてんのう実録』『日本三代実録』)に神社名や神名が記載されている神社のことをいい、国史現在社・国史所載社ともいいます。

➡『神社のいろは』176ページ「式内社、一宮について教えてください」

問62　正解　2
問63　正解　3
問64　正解　2
問65　正解　4
問66　正解　3

問 67

以下の文章の空欄【 】に入る言葉として正しいものを選んでください。

　平安時代になって律令体制は大きく様変わりして、官社の制度も変更を余儀なくされます。平安時代中期から、朝廷の格別の崇敬を受ける神社が出てきます。平安京近辺の神社を中心に、最初は16社でしたが、最終的に【 】となります。その数にちなみ、これを「【 】」と呼びます。いずれも祈雨や止雨を中心に天変地異や国家の大事に際して祈願が行われ、中世半ばまでは朝廷の篤い崇敬を受けました。

1. 18社（十八社）
2. 20社（二十社）
3. 22社（二十二社）
4. 25社（二十五社）

➡『神社のいろは』176ページ「式内社、一宮について教えてください」

正解　3

問 68

以下の文章の空欄【　】に入る言葉として正しいものを選んでください。

　源頼朝（みなもとのよりとも）は政治の根本に神社の崇敬と神事を第一におきます。その方針は、鎌倉時代中期に北条泰時（ほうじょうやすとき）が制定した【　】によって明確に表されます。その第1条には「神社を修理し、祭祀を専（もっぱ）らにすべきこと」とあり、続いて「神は人の敬ふに依（よ）りて威（い）を増し、人は神の徳に依りて運を添ふ」とあります。

1. 建武式目（けんむしきもく）
2. 禁秘御抄（きんぴみしょう）
3. 禁中並公家諸法度（きんちゅうならびにくげしょはっと）
4. 御成敗（ごせいばい）式目

3級

❖ 解 説 ❖

「建武式目」は室町時代に、「禁中並公家諸法度」は江戸時代に制定されました。「禁秘御抄」は、神事への姿勢や宮廷の儀式や政務のあり方について第84代順徳天皇が鎌倉時代に記されたもので、その後の歴代天皇の規範となったものです（『神社のいろは　続』93ページ「「神事を先にし他事を後にす」」、104ページ「建武の中興と南北朝」、119ペ

ージ「徳川幕府の社寺政策」参照)。

➡ 『神社のいろは』178ページ「明治時代に定められた社格について教えてください」

正解　4

問69
以下の文章の空欄【　】に入る言葉として正しいものを選んでください。

　中世後期になると村落は自立し自治組織を作っていき、これらは惣（そう）ないし惣村と呼ばれていきます。惣村の指導者は乙名（おとな）と呼ばれる古老たちで、元来、乙名は村落の神社の祭祀を行う【　】と呼ばれる組織の代表者でした。村落の人たちは神社に寄りあい、年中行事に参加し、共同して氏神を守っていったのです。

1．神座（かみざ）　　2．宮座（みやざ）
3．一座（いちざ）　　4．共座（ともざ）

➡ 『神社のいろは』178ページ「明治時代に定められた社格について教えてください」

正解　2

問70

以下の文章の空欄【　】に入る言葉として正しいものを選んでください。

　昭和20年(1945)にGHQ(連合軍総司令部)により出された「国家神道、神社神道ニ対スル政府ノ保証、支援、保全、監督並ニ弘布ノ廃止ニ関スル件」(いわゆる【　】)により、国家と神社の関係を定めた諸法令は廃止され、「国家の宗祀」としての神社の位置づけはなくなりました。

1. 神官追放　　2. 神道隔離
3. 宗祀措置　　4. 神道指令

➡『神社のいろは』178ページ「明治時代に定められた社格について教えてください」

正解　4

問 71 から問 100 までは概ね『古事記』に関する問題です。

問 71
天地（あめつち）がはじめて開けたとき最初に現れたのは、天之御中主神（あめのみなかぬしのかみ）です。次に高御産巣日（たかみむすひの）神、神産巣日（かみむすひの）神が出現しました。これらの神様のことを総称するとき、最もふさわしいものを選んでください。

1. 別天つ神五柱（ことあまつかみいつはしら）
2. 造化三神（ぞうかさんしん）
3. 神世七代（かみよななよ）
4. 天主貴（あめぬしのむち）

➡ 『マンガならわかる！『古事記』』11 ページ「第 1 章 天地初めて発けし時」の 12、13、17 ページ
正解　2

問72
以下の文章を読んで空欄【 】に入る言葉として正しいものを選んでください。

　神々はもともとあったのではなく渾沌から生じられました。このことを原文では【 】と表現しています。

1．出る神　　　　2．成（な）る神
3．生（あ）れる神　4．顕（あら）れる神

➡『マンガならわかる！『古事記』』11ページ「第1章　天地初めて発けし時」の12ページ

正解　2

以下の文章を読んで問73と問74の設問に答えてください。

　天つ神（あまつかみ）一同から、伊邪那岐命（いざなきのみこと）、伊邪那美（いざなみの）命に「この漂（ただよ）える国をおさめつくりかためなせ」とのお言葉があり、天沼矛（あめのぬぼこ）を授けてこれを依頼（委任）されました。

問73

下線部の「おさめつくりかためなせ」は原文にはどう書かれているでしょうか。

1. 治作固成（じさくこせい）
2. 修理固成（しゅうりこせい）
3. 治作堅為（じさくけんい）
4. 修理堅為（しゅうりけんい）

問74

下線部の「依頼（委任）」は原文にはどう書かれているでしょうか。

1. 言依（ことよ）さし
2. 言頼（ことたの）し
3. 言霊（ことだま）さし
4. 言任（ことまか）し

➡『マンガならわかる！『古事記』』11ページ「第1章　天地初めて発けし時」の18ページ他

問73　正解　2

問74　正解　1

問 75

須佐之男命（すさのおのみこと）は天照大御神（あまてらすおおみかみ）に暇乞い（いとまごい）をするために高天原（たかまのはら）へと上られます。その勢いを恐れられた天照大御神は国を奪いに来たのではないかと誤解されます。そこで、潔白を証明するためにされたこととは何でしょうか。

1. 相撲
2. 盟神探湯（くがたち）
3. 誓約（うけい）
4. 亀卜（きぼく）

➡『マンガならわかる！『古事記』』41ページ「第2章 天石屋戸」の43ページ、257ページ「第12章 仁徳天皇とその後」の264ページ

正解 3

問 76

以下は「国譲り」に関しての文章です。下線部の「ご命令により」と「治める」は原文ではどう表現されているでしょうか。その組み合わせとして正しいものを選んでください。

　建御雷神（たけみかづちのかみ）は十掬剣（とつかのつるぎ）を抜いて逆さまに刺し立

て、その剣の切っ先に胡坐（あぐら）をかいて座り、大国主（おおくにぬしの）神に向かって、「天照大御神と高木神のご命令により、使いとして我々はやってきた。おまえが支配する葦原中国（あしはらのなかつくに）は天照大御神が『わたしの御子（みこ）の治める国である』と委任された国だ。それをおまえはどう思うか」と申しました。

1.「命以（みことも）ちて」と「うしはける」
2.「命以ちて」と「知らす」
3.「言向（ことむ）けて」と「うしはける」
4.「言向けて」と「知らす」

➡『マンガならわかる！『古事記』』99ページ「第4章 国譲り」の100、101、108、116ページ他
正解 2

問77
「海幸彦（うみさちひこ）・山幸彦（やまさちひこ）」の段です。二人は互いの獲物をとる道具を交換して猟・漁に出ますが、山幸彦は兄の大事な釣針を失くしてしまいます。釣針を探してあるところに行った山幸彦は豊玉毘売（とよたまびめ）と結婚します。山幸彦はどこに行ったのでしょうか。

1. 天之水分（あめのみくまりの）神の宮殿
2. 沫那美（あわなみの）神の宮殿
3. 天之狭霧（あめのさぎりの）神の宮殿
4. 綿津見（わたつみの）神の宮殿

➡『マンガならわかる！『古事記』』141ページ「第6章　ウミサチ・ヤマサチ」の146ページ、11ページ「第1章　天地初めて発けし時」の25、26ページ

正解　4

問78
次の文章の空欄【　】に入る言葉として正しいものはどれでしょうか。
　天孫降臨（てんそんこうりん）から神武天皇（じんむてんのう）までの間の系譜、すなわち、邇邇芸命（ににぎのみこと）、火遠理命（ほおりのみこと／山幸彦）、鵜葺草葺不合（うがやふきあえずの）命を【　】と呼びます。

1. 天孫三代
2. 綿津見（わたつみ）三代
3. 日向（ひゅうが）三代
4. 御三代（ごさんだい）

➡『マンガならわかる！『古事記』』141ページ「第6章　ウミサチ・ヤマサチ」の158、160ページ

正解　3

問 79
次の文章の空欄【 】に入る言葉として正しいものはどれでしょうか。
　神武天皇の誕生までを描いた段までが、いわゆる【 】とされる『古事記』上巻（かみつまき）です。

1．神代（かみよ・じんだい）
2．天世（あまよ）
3．神記（じんき）
4．天代（てんだい）

➡『マンガならわかる！『古事記』』141 ページ「第 6 章　ウミサチ・ヤマサチ」の 159 ページ

正解　1

問 80
以下の文章を読んで空欄【 】に入る言葉として正しいものを選んでください。
　神倭伊波礼毘古（かむやまといわれびこの）命が宇陀（うだ）や忍坂（おさか）で敵を討った時に歌われた一連の歌は「【 】歌」といわれ、天皇即位の祭儀「大嘗祭（だいじょうさい）」などには、この歌に舞をつけた「【 】

舞」が舞われます。

1. 国栖（くず）　　2. 久米（くめ）
3. 隼人（はやと）　4. 忍坂

➡『マンガならわかる！『古事記』』161ページ「第7章 初代・神武天皇の即位」の173、169、174ページ、141ページ「第6章 ウミサチ・ヤマサチ」の154ページ、229ページ「第11章 海の向こうへ」の247ページ

正解　2

問81
以下の文章を読んで空欄【　】に入る言葉として正しいものを選んでください。

　神武天皇の大后（おおきさき）への求婚に関しては、歌で掛け合いをする形で物語が語られていて、それは当時の【　】という習俗が反映していると言われます。【　】は古代に行われた民間行事の一つで、多数の男女が特定の日、場所に集まって野で歌舞飲食し歌で掛け合って交流を深めました。

1. 掛歌（かけうた）　2. 野歌（のうた）
3. 歌呼び　　　　　4. 歌垣（うたがき）

➡『マンガならわかる！『古事記』』161ページ「第

7章　初代・神武天皇の即位」の181ページ

正解　4

問82

崇神（すじん）天皇の御代（みよ）のことです。天皇の夢に大物主（おおものぬしの）神が現れて、ある人を探し出して神主として祭りを行えば、疫病は止み、平安な世に戻ると託宣します。このある人とは誰でしょうか。

1. 意富多多泥古（おおたたねこ）
2. 登美毘古（とみびこ）
3. 弟宇迦斯（おうかし）
4. 活玉依毘売（いくたまよりびめ）

➡『マンガならわかる！『古事記』』185ページ「第8章　初国知らしし御真木天皇」の187、188、190ページ、161ページ「第7章　初代・神武天皇の即位」の164、170、176ページ

正解　1

問83

垂仁（すいにん）天皇の御代のことです。「伊勢の大神の宮を拝（いつ）き祭りたまひき」と書かれた皇女とはどなたのことでしょうか。

> 1. 豊鉏入日売（とよすきいりひめの）命
> 2. 沙本毘売（さほびめの）命
> 3. 倭比売（やまとひめの）命
> 4. 弟橘比売（おとたちばなのひめの）命

➡『マンガならわかる！『古事記』』195ページ「第9章 垂仁天皇」の196ページ、185ページ「第8章 初国知らしし御真木天皇」の186ページ、207ページ「第10章 倭建命の旅路」の218ページ

正解　3

問84
以下の文章を読んで空欄【　】に入る言葉として正しいものを選んでください。

　倭建（やまとたけるの）命は伊服岐（いぶき）の山の神を討ち取りに出かけられた時、その山の神である白猪に出会います。しかし、倭建命は【　】して「これは山の神の使者であろう」と、登っていきました。すると大雨となり霰（あられ）が降ってきて、倭建命の正気を失わせました。言葉にして言い立てる【　】は古代では不吉なこととされていました。誤った【　】をして窮地に陥ったのです。

1. 言挙げ（ことあげ）
2. 言撤げ（ことさげ）

3. 言和し（ことやわし）
4. 言放ち（ことはなち）

➡ 『マンガならわかる！『古事記』』207 ページ「第10章　倭建命の旅路」の 223 ページ

正解　1

問 85
倭（やまと）は　国のまほろば　たたなづく
青垣（あおかき）　山隠（やまごも）れる
倭しうるはし
　この歌はどなたが詠われたものでしょうか。

1. 神武天皇
2. 須佐之男命
3. 倭建命
4. 大国主（おおくにぬしの）命

➡ 『マンガならわかる！『古事記』』207 ページ「第10章　倭建命の旅路」の 225 ページ

正解　3

以下の文章を読んで問 86 から問 89 までの設問に答えてください。

　仲哀（ちゅうあい）天皇は筑紫で天下をお治めに

なった時、熊曾（くまそ）を討とうとしました。仲哀天皇はご神意を仰ごうと、自ら【ア】を奏され、建内宿禰（たけしうちのすくね）は、沙庭（さにわ／神おろしの場所）で神託（しんたく）を求めました。すると、【イ】が神がかりされました。その神託を信じようとしなかった仲哀天皇はお亡くなりになってしまいます。そのため国家的な【ウ】の儀礼を行い、新たな神託を求めました。

問86
下線部の「筑紫で天下をお治めになった時」に関する問題です。それは現在のどこで治められたとされているでしょうか。

1. 筥崎宮（はこざきぐう）　2. 香椎宮
3. 宇美（うみ）八幡宮　　4. 住吉神社

問87
【ア】に入る言葉として正しいものを選んでください。

1. 琴　2. 太鼓　3. 笛　4. 琵琶

問 88
【イ】に入る言葉として正しいものを選んでください。

1. 多遅摩毛理（たじまもり）
2. 美夜受比売（みやずひめ）
3. 神功皇后（じんぐうこうごう）
4. 七拳脛（ななつかはぎ）

問 89
【ウ】に入る言葉として正しいものを選んでください。

1. 服喪（ふくも）
2. 大祓（おおはらえ）
3. 写経（しゃきょう）
4. 精進（しょうじん）

➡ 『マンガならわかる！『古事記』』229 ページ「第 11 章　海の向こうへ」の 231 ～ 234、236 ページ、195 ページ「第 9 章　垂仁天皇」の 203 ページ、207 ページ「第 10 章　倭建命の旅路」の 215、228 ページ

問 86　正解　2

問87　正解　1
問88　正解　3
問89　正解　2

以下の文章を読んで問90と問91の設問に答えてください。

　神功皇后は、「待酒（まちざけ）」を醸造しながら、<u>皇太子</u>と建内宿禰（たけしうちのすくね）が帰ってくるのを待っていました。二人が帰ってくると、「酒楽（さかくら）の歌」を詠（うた）って酒をすすめます。そこからは、酒は常世（とこよ）の国で酒をつかさどる【　】が醸したものと考えられていたことが分かります。

問90
下線部の「<u>皇太子</u>」とはどなたでしょうか。

1．応神（おうじん）天皇
2．仁徳（にんとく）天皇
3．雄略（ゆうりゃく）天皇
4．武烈（ぶれつ）天皇

問91
空欄【　】に入る言葉として正しいものを選んでください。

1. 大国主神
2. 少名毘古那（すくなびこなの）神
3. 伊邪那美（いざなみの）神
4. 大気津比売（おおげつひめの）神

➡ 『マンガならわかる！『古事記』』229 ページ「第11章　海の向こうへ」の 240 ページ、41 ページ「第2章　天石屋戸」の 58 ページ

問 90　正解　1　　問 91　正解　2

以下の文章を読んで問 92 と問 93 の設問に答えてください。

応神天皇は、自ら呼び寄せた髪長比売（かみながひめ）を、御子（みこ）である大雀命（おおさざきのみこと）に賜りました。御子のたっての願いを受け入れたのです。その時、天皇は「豊明（とよのあかり）」を開催され、髪長比売に「大御酒（おおみけ）の【　】」を持たせ、そこに注いだ御酒とともに髪長比売を御子に賜りました。

問 92
下線部の「豊明（とよのあかり）」は「豊明節会（せちえ）」を意味していますが、これは何でしょうか。

1. 祈年祭（きねんさい）に際して行われた饗

宴
2. 新嘗祭（にいなめさい）に際して行われた饗宴
3. 結婚に際して行われた饗宴
4. 新年に際して行われた饗宴

問93
空欄【　】に入る言葉として正しいものを選んでください。

1. 榊
2. 柏（かしわ）
3. 土器（かわらけ）
4. 柄杓（ひしゃく）

➡『マンガならわかる！『古事記』』229ページ「第11章 海の向こうへ」の244ページ、257ページ「第12章 仁徳天皇とその後」の259ページ他

問92　正解　2
問93　正解　2

問94
以下の文章の空欄【　】に入る言葉として最もふさわしいものを選んでください。

仁徳（にんとく）天皇は、高い山に登って国を眺めると、炊煙（すいえん）が立ってないことに気づき、しばらくの間、税金を免除することを決められました。天皇などが高いところに

登って国を眺め、国土を誉め豊穣を願うことを【　】といいますが、このこともその一種といえます。

1. 国挙げ（くにあげ）
2. 国祝い（くにいわい）
3. 国予（くにさき）
4. 国見（くにみ）

➡『マンガならわかる！『古事記』』257ページ「第12章　仁徳天皇とその後」の258ページ

正解　4

問95
以下の文章の【ア】【イ】の組み合わせとして正しいものを選んでください。

　神武天皇から【ア】までが『古事記』中巻（なかつまき）で、その次の御代から【イ】までが下巻（しもつまき）になります。下巻では多くの歌謡がさしこまれ、歌物語的に文学性豊かに語られていきます。

1. ア、応神天皇　イ、持統天皇
2. ア、仁徳天皇　イ、持統天皇
3. ア、応神天皇　イ、推古天皇
4. ア、仁徳天皇　イ、推古天皇

➡️『マンガならわかる！『古事記』』257 ページ「第12章 仁徳天皇とその後」の 258 ページ他

正解 3

問 96

以下の文章の空欄【 】にあてはまる言葉として正しいものを選んでください。

　雄略（ゆうりゃく）天皇が【　】山に登ったとき、向かいの山の尾根伝いに同じように登る人があった。容貌も身なりも天皇とその行列に瓜二つであったため、いぶかしんで名を尋ねた天皇に「私は悪事（まがこと）も善事（よごと）も一言で言い放つ神、【　】の一言主（ひとことぬし）の大神である」と答えが返ってきた。本来、人の目には見えない神が姿を現したことに驚いた天皇は、腰に帯びた太刀や弓矢、供の衣服も脱がせて献上したところ、一言主神は手を打って悦び祝福し、宮へ還（かえ）る天皇を長谷（はせ）の山口まで送りました。

1. 飛鳥　2. 山辺
3. 葛城　4. 吉野

➡️『マンガならわかる！『古事記』』257 ページ「第12章 仁徳天皇とその後」の 268 ページ

正解 3

問 97

太安万侶（おおのやすまろ）が書いた上表文には以下のようなことが書かれています。

「古のことを明らかにし、今を生きる人々の道徳の礎（いしずえ）として明らかにしていくことは非常に重要なことです」

これは何という言葉の出典とされているでしょうか。正しいものを選んでください。

1. 温故知新（おんこちしん）
2. 承前啓後（しょうぜんけいご）
3. 稽古照今（けいこしょうこん）
4. 覧古考新（らんここうしん）

➡ 『マンガならわかる！『古事記』』277 ページ「むすび－太安万侶の「上表文」」の 282 ページ

正解　3

問 98

以下も太安万侶が書いた上表文の中にある文章の現代語訳です。

「そしてある日仰せになられたのです。各家々に伝わる【ア】と本辞には真実と違う点が多々あると聞く。早期にその誤りは正しておきたい。【ア】と本辞は『国家の原理』を示し政治の基本となるものである。ここに正しい【ア】

を選んで記録し【イ】をよく調べて正しい内容を定めて後世に伝えよう」

【ア】は天皇家の系譜を中心とした記録で、【イ】は伝承された物語などの記録です。【ア】【イ】に入る言葉の組み合わせとして正しいものを選んでください。

1．ア、皇紀　イ、古辞
2．ア、皇紀　イ、旧辞
3．ア、帝紀　イ、古辞
4．ア、帝紀　イ、旧辞

➡『マンガならわかる！『古事記』』277ページ「むすび－太安万侶の「上表文」」の282ページ

正解　4

問99

『古事記』は太安万侶が工夫した漢字の音（おん）と訓（くん）を混用した文体で書かれています。この文体は後に何と呼ばれることになるでしょうか。

1．漢様和文　　2．混様和文
3．変体漢文　　4．和体漢文

➡ 『マンガならわかる!『古事記』』277ページ「むすび-太安万侶の「上表文」」の284ページ

正解　3

> **問100**
> 太安万侶が天皇に奉った上表文は『古事記』にはどういう形で載せられているでしょうか。
>
> 1. 序（じょ／まえがき）
> 2. 跋（ばつ／あとがき）
> 3. 別記
> 4. 解説

➡ 『マンガならわかる!『古事記』』277ページ「むすび-太安万侶の「上表文」」の286ページ

正解　1

第12回
神社検定
問題と解説

弐級

「神社の歴史」編　全100問
令和6年6月23に行われた
「第12回 神社検定」の2級試験は、
公式テキスト③『神社のいろは 続』から70問、
特別テキスト『令和のご大礼 完全版』から20問
季刊誌『皇室』令和5年夏・99号から1問、
季刊誌『皇室』令和5年秋・100号から1問、
季刊誌『皇室』令和6年冬・101号から6問
季刊誌『皇室』令和6年春・102号から2問
が出題されました。
（問題の中には出典が重複するものもあります）

※解説に示しているのは、公式テキストに掲載されている
　関連項目のページ数です。

> **問1**
> 埼玉県の稲荷山古墳出土の鉄剣銘と熊本県の江田船山古墳出土の鉄刀銘について書かれた以下の文章のうち、空欄【　】にあてはまる言葉として正しいものを選んでください。
>
> 　鉄剣および鉄刀銘には、「獲加多支鹵大王（わかたけるのおおきみ）」とあり、この大王とは『古事記』で大長谷若建命（おおはつせわかたけのみこと）、『日本書紀』で大泊瀬幼武天皇（おおはつせのわかたけのすめらみこと）と記される【　】なります。
>
> 1．履中天皇　　2．允恭天皇
> 3．雄略天皇　　4．武烈天皇

➡『神社のいろは　続』20ページ「中国大陸と倭の五王」

正解　3

「風土記」に書かれた以下の文章を読んで問2と問3の設問に答えてください。

　遠い昔、麻多智（またち）という人物が、ある谷を開墾して水田を作りました。そこに【　】がぞろぞろと出てきて農作業の邪魔をします。それは角のある蛇のことで、人々はひどく恐れていました。しかし、麻多智は鎧を身に着け、【　】たちを追い払いました。そして、山の中まで追いこんで、その麓

102

に堀を作り、境界を示す杭を立てて申し上げます。「ここから上は神の領域で、ここから下は人の田とする。今後は私が神主となって後の世までお祭りすることにします。ですから、祟ったりしないでください」。この物語からは「風土記」以前の古代人の神観念・自然観がうかがえます。

問2
この物語は何に書かれているでしょうか。

1. 出雲国風土記
2. 常陸国風土記
3. 播磨国風土記
4. 肥前国風土記

問3
空欄【　】に入る言葉として最もふさわしいものを選んでください。

1. 夜刀の神
2. 角蛇の神
3. 大地の神
4. 境の神

➡『神社のいろは 続』24ページ「夜刀の神」

問2　正解　2
問3　正解　1

問4
以下は福岡県の沖ノ島での祭祀について書かれたものです。【ア】【イ】に入る言葉の組み合わせとして正しいものを選んでください。

祭祀は4世紀後半から始められ、巨【ア】の上に多量の銅鏡や勾玉、鉄製の剣などを供えて行われていました。5世紀後半以降は、【イ】陰に祭りの場を移し、金銅製の馬具、金の指輪など朝鮮半島との結びつきを示すもののほか、ペルシャ製のカットグラス、唐の陶器なども用いられていました。沖ノ島での祭祀が大和朝廷の外交と密接に絡んでいた証しと考えられています。8世紀から9世紀の祭祀で供えられた品々は巨【ア】から離れ、露天の部分に多く残されていましたが、遣唐使が廃止された9世紀末ごろを境にこの遺跡での祭祀は終了したと推測されています。

1．ア、岩　イ、木　　2．ア、木　イ、岩
3．ア、岩　イ、岩　　4．ア、木　イ、木

➡『神社のいろは　続』25ページ「沖ノ島の祭祀遺跡」

正解　3

以下の文章を読んで問5と問6の設問に答えてください。

律令の中には公的祭祀の大綱をまとめた「神祇令」がありました。神祇令は祭祀の大枠を示したもので、実際の斎行には先例などにならい、平安時代になると『弘仁式』『【ア】式』や『【ア】儀式』、『【イ】式』などで詳しい細則が載せられました。また、『養老令』の官撰注釈書として『令義解』があり、注釈を集大成した書として【ウ】があります。

問5
【ア】【イ】に入る言葉の組み合わせとして正しいものを選んでください。

1. ア、貞観　イ、延喜
2. ア、延喜　イ、貞観
3. ア、延喜　イ、養老
4. ア、養老　イ、延喜

問6
【ウ】に入る言葉として正しいものを選んでください。

1. 令集解　　2. 令釈集
3. 類聚三代格　4. 類聚三代釈

➡『神社のいろは 続』39ページ「神祇令と国家祭祀」

問5　正解　1
問6　正解　1

引き続き「神祇令」に関する問題です。以下の文章を読んで問7から問9までの設問に答えてください。

神祇令には6月と12月の晦日の大祓の大綱も定められていました。大祓では中臣氏が御祓麻（みはらいのぬさ）を、【ア】が祓刀（はらいのたち）を天皇に奉り、この儀式がすむと、百官の男女が朱雀門の祓所に集まり、中臣氏が大祓詞を読み、卜部氏が解除（はらえ）と呼ばれる儀礼を行いました。【ア】は渡来系氏族で、刀と金属製の【イ】を用いて道教的な漢文体の祝詞を唱えました。

問7
【ア】に入る言葉として正しいものを選んでください。

1．東西文部　　2．東西和部
3．東西秦部　　4．東西津部

問8
下線部の卜部氏の説明として、以下の記述のうち間違っているものを選んでください。

1. もともと中臣氏に従う氏族であったと考えられ、玉作りをその職能として伝えてきた。
2. 平安時代以降、神祇大副に任命されるようになった。
3. 後に平野神社の祠官を務める家と吉田神社の祠官を務める家に分かれた。
4. 中臣、忌部氏などの氏族を神祇氏族という。

問9
【イ】に入る言葉として正しいものを選んでください。

1. 御幣
2. 定規
3. 切麻（きりぬさ）
4. 人形

➡『神社のいろは 続』45ページ「践祚大嘗祭と大祓」、46ページ「中臣氏と忌部氏」

問7　正解　1
問8　正解　1
問9　正解　4

以下の神祇氏族に関する文章を読んで問10から問12までの設問に答えてください。

猿女君の祖先は【ア】で、猿女の名は、猿田毘古神にちなんでつけられています。大嘗祭や鎮魂祭、神楽に奉仕することを職能とした氏族でしたが、神祇官ではなく、後宮の縫殿寮（ぬいどのりょう）に出仕し、神祇氏族としては中臣・忌部に比べて低い地位に甘んじ、比較的早い時期に衰退しました。

忌部氏は、平安時代以降、斎部と改め神祇官に出仕しましたが、中臣氏に圧倒されていきました。そのことに対する批判は【イ】が大同2年（807）に撰上した【ウ】に記されています。同書は記紀などの正史にもれた古伝承（家伝）をもとに、祭祀の根源や祭祀のあるべき姿などが記された古典として大切にされてきました。

この他に宮中には天皇親祭の介添えをし、神事そのものに奉仕した【エ】という存在がいました。宮中には三十六座の神様がお祀りされていましたが（宮中の神）、そのうち二十三座の神（宮中二十三座）に仕えた少女たちのことです。定員5名で、天皇の巫女として祭祀のための重要な役割を担いました。

問10
【ア】に入る言葉として正しいものを選んでください。

1. 稚日女尊（わかひるめのみこと）
2. 天鈿女命（あめのうずめのみこと）

3. 大屋津姫命（おおやつひめのみこと）
4. 姫蹈鞴五十鈴姫命（ひめたたらいすずひめのみこと）

問11
【イ】【ウ】に入る言葉の組み合わせとして正しいものを選んでください。

1. イ、斎部広成　ウ、先代旧事本紀
2. イ、斎部浜成　ウ、先代旧事本紀
3. イ、斎部広成　ウ、古語拾遺
4. イ、斎部浜成　ウ、古語拾遺

問12
【エ】に入る言葉として正しいものを選んでください。

1. 造酒童女（さかつこ）
2. 物部女（もののべのおみな）
3. 大邑（おおとうめ）
4. 御巫（みかんなぎ）

➡ 『神社のいろは　続』46ページ「中臣氏と忌部氏」

問10　正解　2
問11　正解　3
問12　正解　4

以下の文章を読んで問13から問15までの設問に答えてください。

和銅5年（【ア】）には『古事記』が、養老4年（720）には『日本書紀』が成立しました。『古事記』は神代から推古天皇に至るまでの歴史が、『日本書紀』は神代から【イ】にいたるまでの歴史が記されています。また、和銅6年には『風土記』の編纂が始まりました。朝廷による国史編纂は平安時代に引き継がれ、【ウ】『日本後紀』『続日本後紀』『日本文徳天皇実録』『日本三代実録』の6つの漢文正史が編纂されます。これらを【エ】と総称します。

問13
【ア】に入る言葉として正しいものを選んでください。

1. 645   2. 701
3. 712   4. 719

問14
【イ】に入る言葉として正しいものを選んでください。

1. 天武天皇   2. 持統天皇
3. 元明天皇   4. 元正天皇

問15

【ウ】【エ】に入る言葉の組み合わせとして正しいものを選んでください。

1．ウ、日本古紀　エ、六正史
2．ウ、続日本紀　エ、六正史
3．ウ、日本古紀　エ、六国史
4．ウ、続日本紀　エ、六国史

➡『神社のいろは　続』50ページ「国史編纂と天平文化」

問13　正解　3　　問14　正解　2
問15　正解　4

問16

以下の文章を読んで【ア】【イ】に入る言葉の組み合わせとして最もふさわしいものを選んでください。

　称徳天皇は僧侶を従えて大嘗祭を執り行われました。道鏡事件の事後処理として神祇伯の【ア】清麻呂の主導により、神仏隔離は宮中と神宮において徹底されていきます。神宮祭祀の責任者として新たに祭主職を設けて清麻呂が就任し、神宮の宮司（大宮司）や伊勢国の行政官も【ア】氏一族で固めました。斎宮に関することがらを処理する役所である【イ】でも厳しく

> 仏教忌避が行われました。
>
> 1．ア、藤波　イ、斎宮寮
> 2．ア、藤波　イ、斎宮司
> 3．ア、大中臣　イ、斎宮寮
> 4．ア、大中臣　イ、斎宮司

➡『神社のいろは　続』55ページ「神仏隔離の思想」、127ページ「神仏分離の序奏」

正解　3

以下の文章を読んで問17から問20までの設問に答えてください。

　平安時代になると、山城国に古くから鎮座する神社が都を護る神として尊崇されるようになります。平安京への遷都に際しては、遷都以前からこの地に鎮座していた【ア】が官社となりました。平安時代後期の『江家次第』などによると、【ア】を平安京の造営に際して他所に遷そうとしましたが、「この地に坐して帝王を護り奉らん」との託宣があり、宮内省内に祀られることになったといいます。

　賀茂社は朝廷よりとくに篤い崇敬を受けます。薬子の変の鎮定後、嵯峨天皇は神宮の例にならって、未婚の皇女を斎王として祭祀に奉仕せしめました。

原則的に天皇の御代替わりのときに卜定によって決められ、2年の潔斎を経て3年目の4月に斎院（【イ】）に入りました。そして、【ウ】を用いるなど不浄や仏事を厳しく避ける生活をしながら院内での祭事を行い、賀茂社には祭りのときのみ参向し神事に奉仕されました。賀茂社参向に先立っては、【エ】で【オ】を行いましたが、その行列は見物人も多数集まり、多くの文学作品にも取り上げられました。

問17
【ア】に入る言葉として適切なものを選んでください。

1. 園韓神社　　2. 北野社
3. 貴船社　　　4. 愛宕社

問18
【イ】に入る言葉として最もふさわしいものを選んでください。

1. 黒木院　　2. 紫野院
3. 雲林院　　4. 葵院

問 19
【ウ】に入る言葉として最もふさわしいものを選んでください。

1. 隠語　　2. 浄語
3. 金詞　　4. 忌詞

問 20
【エ】【オ】に入る言葉の組み合わせとして正しいものを選んでください。

1. エ、賀茂川　オ、祓
2. エ、宇治川　オ、祓
3. エ、賀茂川　オ、禊
4. エ、宇治川　オ、禊

➡『神社のいろは　続』61 ページ「都と国を護る神々」

問 17　正解　1
問 18　正解　2
問 19　正解　4
問 20　正解　3

以下の文章を読んで問21から問23までの設問に答えてください。

【ア】信仰とは非運のうちに亡くなった人の霊魂が祟って生じた厄災に対し、その怒りを丁重に慰めることにより平穏を回復しようとする信仰をいいます。

貞観5年(863)に猛威をふるった疫病に際し、朝廷は神泉苑で大規模な官制の【ア】会を初めて行いました。以後、【ア】会はしばしば行われていきます。

正暦5年(994)には北野船岡【ア】会が、長保3年(1001)には紫野今宮【ア】会が行われます。この際には、疫神を祀って神輿に載せ、【イ】へ送り出しました。疫神は外部から訪れて祟りをなすので、丁重にお祭りし、再び共同体の外へと送り出したのです。

問21
【ア】に入る言葉として正しいものを選んでください。

1. 怨霊　2. 生霊
3. 御霊　4. 鬼霊

問 22

下線部の「朝廷は神泉苑で大規模な官制の【ア】会を初めて行いました」の説明として間違っているものを選んでください。

1．祭壇に供物を供え、舞楽などが奏された。
2．般若経典などの読経が行われた。
3．僧侶が積極的に関わった。
4．庶民の見物は許されなかった。

問 23

【イ】に入る言葉として最もふさわしいものを選んでください。

1．井戸の底　　2．天
3．川や海　　　4．深山（みやま）

➡『神社のいろは　続』76ページ「御霊信仰の発生と展開」

問21　正解　3
問22　正解　4
問23　正解　3

以下の文章を読んで問24と問25の設問に答えてください。

平安時代初期に頻繁に行われた名神への【ア】奉幣は、畿内に限らず全国各地の神々に対して行われていましたが、それが徐々に、奉幣対象の神社の範囲は狭くなり、公祭に預かる平安京近辺の諸社を中心に数社を特定して行われるようになります。そして白河天皇の11世紀には二十二社【イ】が確立しました。

奉幣は、朝廷から神社にお使いが派遣され、幣帛を直接奉るものです。幣帛を持参するお使いを奉幣使といい、天皇の願意を現した宣命を奏上しました。宣命に用いられる料紙には定まった色があり、神宮は【ウ】、賀茂社は【エ】、その他の神社は【オ】が用いられました。

問24
【ア】【イ】に入る言葉の組み合わせとして正しいものを選んでください。

1. ア、臨時　イ、例幣
2. ア、臨時　イ、奉幣
3. ア、雨穀　イ、例幣
4. ア、雨穀　イ、奉幣

問25
【ウ】【エ】【オ】に入る言葉の組み合わせとして正しいものを選んでください。

```
1. ウ、縹色  エ、紅色  オ、黄色
2. ウ、黄色  エ、縹色  オ、紅色
3. ウ、紅色  エ、黄色  オ、縹色
4. ウ、縹色  エ、黄色  オ、紅色
```

➡ 『神社のいろは 続』81ページ「二十二社奉幣の成立」、63ページ「全国レベルの班幣から特定神社への奉幣へ」、71ページ「天皇御願の祭祀と神鏡」

問24　正解　2　　問25　正解　1

問26
鎌倉時代は、朝廷や公家社会の儀式や年中行事などについて研究する学問が盛んになった時代でもありましたが、それを何というでしょうか。

1. 公家事実　2. 前賢故実
3. 有職故実　4. 武家事実

➡ 『神社のいろは 続』93ページ「「神事を先にし他事を後にす」」

正解　3

以下の文章を読んで問27から問29までの設問に答えてください。

　神宮には古代以来の仏教忌避の伝統がありまし

た。この状況は本地垂迹説とは大きく矛盾します。神が仏の仮の姿であれば、仏教を忌避する必要がないからです。このことも僧侶たちによる一連の神道書を成立させる大きなきっかけとなりました。

神宮の仏教忌避の説明として用いられたのが「第六天魔王譚」と「行基参詣譚」です。天魔とは仏道修行を妨げる悪魔のことです。第六天魔王譚とは、日本国生成のとき、日本が将来、仏教流布の地になることを見越した第六天魔王が、それを阻もうとした際に、天照大神が魔王に仏教忌避を偽って誓ったとする説話です。また、行基参詣譚とは、東大寺建立に際し聖武天皇が行基を神宮に派遣して同寺造営の裁可を仰いだとき、行基の前に大神が現れたとの説です。この両説とも鎌倉初期までに成立したとされる【ア】に記されていて、ここから先、僧侶たちによって唱えられた仏家神道説が展開されていくのです。仏家神道は、一般に真言宗系の【イ】神道、天台宗系の【ウ】神道に分類されます。大きく仏教の影響を受けた神道という意味で、仏家神道を【イ】神道と呼ぶ場合もあります。

問27
下線部の「本地垂迹説」と基本的な考え方が同じものを選んでください。

1. 神身離脱説
2. 護法善神説
3. 権現号
4. 神本仏迹説

問28
【ア】に入る言葉として適切なものを選んでください。

1.『麗気記』　　2.『沙石集』
3.『中臣祓訓解』　4.『八幡愚童訓』

問29
【イ】【ウ】に入る言葉の組み合わせとして最もふさわしいものを選んでください。

1．イ、山王　ウ、両部
2．イ、御流　ウ、法華
3．イ、両部　ウ、山王
4．イ、法華　ウ、御流

➡『神社のいろは　続』53ページ「神仏習合思想のさきがけ」、73ページ「宮寺と本地垂迹説の展開」、96ページ「鎌倉新仏教と仏家神道」、99ページ「両部神道と山王神道の展開」、101ページ「中世神道説と文芸」

問27　正解　3
問28　正解　3
問29　正解　3

以下の文章を読んで問30から問33までの設問に答えてください。

　僧侶による神道説が確立されていくころ、【ア】に奉仕する度会氏が中心となって生み出された神道説が現れます。伊勢神道は平安後期から鎌倉初期にかけて発生し、大神宮（伊勢）信仰が全国規模で広がりをみせていく状況のなか、確立されていきました。【イ】を大きな契機として、鎌倉中期から後期にかけて発展し、【ウ】に集大成されたといわれています。

　その教説は、皇大神宮と豊受大神宮のご鎮座の由来を述べ、祭神論を展開しています。また、皇統の無窮と三種の神器の尊厳、神宮の尊貴性を説いて、神国思想を強調しています。そして、神道における二大徳目として正直と【エ】を掲げ、これを中心とした倫理観と道徳観を展開し、祭祀の厳修と斎戒などを重視しています。

　神道古典と神宮の古伝承に基づいて理論が構築され、仏教や儒教などを巧みに取り入れて説明がなされています。その根本経典ともいうべき書に<u>神道五部書</u>と呼ばれるものがあります。伊勢神道は、北畠親房をはじめとする南朝や、その後の神道説に大きな影響を与えました。

問30

【ア】に入る言葉として適切なものを選んでください。

1. 内宮　　2. 斎宮
3. 外宮　　4. 金剛證寺

問31

【イ】【ウ】に入る言葉の組み合わせとして適切なものを選んでください。

1. イ、承久の変　ウ、南北朝時代
2. イ、元寇　　　ウ、南北朝時代
3. イ、承久の変　ウ、室町時代後期
4. イ、元寇　　　ウ、室町時代後期

問32

【エ】に入る言葉として適切なものを選んでください。

1. 無私　　2. 清浄
3. 慈悲　　4. 明朗

問 33
下線部の神道五部書に含まれないものはどれでしょうか。

1.『造伊勢二所太神宮宝基本記』
2.『伊勢二所皇太神御鎮座伝記』
3.『倭姫命世記』
4.『心御柱秘紀』

➡『神社のいろは 続』100ページ「伊勢神道の成立」

問30 正解 3　　問31 正解 2
問32 正解 2　　問33 正解 4

問 34
以下の文章の空欄【　】に入る言葉として正しいものを選んでください。

中世期は神社縁起が多く成立するようになった時期でもあります。代表的なものに『北野天神縁起絵巻』や『春日権現験記』などがあります。南北朝以降は、縁起の内容も霊験譚やご利益を説くものが多くなって口語調となり、大衆向けになっていったことが推察されます。14世紀半ばに成立した【　】は、全10巻、50話からなる説話集で多くの物語が収録されています。

1. 古今著聞集　2. 今昔物語集
3. 日本霊異記　4. 神道集

➡ 『神社のいろは　続』101ページ「中世神道説と文芸」、53ページ「神仏習合思想のさきがけ」
正解　4

吉田兼倶に関して書かれた以下の文章を読んで問35から問39までの設問に答えてください。

　祠官側からの神道説として提唱された伊勢神道は、吉田神道へとつながっていきます。吉田家の本姓は卜部で、その後、古典の研究をもって家職（かしょく）とするようにもなり、卜部兼方が編んだ『日本書紀』の注釈書はその代表的な著述です。

　兼倶は応仁元年（1467）に神祇権大副となりますが、応仁の乱が勃発します。この時期においても、兼倶は幾人かの弟子に神道伝授を行っています。文明8年（1476）には、神祇伯を世襲した家柄である【ア】に対抗して「神祇管領長上」などと称しました。

　兼倶は吉田社近くの吉田山上に、日野富子の援助を受けて「太元宮」を建立します。太元宮には主神である太元尊神（【イ】）と天神地祇八百万の神が祀られています。

　自らの神道説を兼倶は【ウ】などと呼びました。また、【エ】も主張しました。仏教が日本で広まるのは、その根本である日本に帰ることだと理解して

いたからです。

兼倶は【オ】と【カ】も発行し始めます。これが吉田神道説を全国へ広め、権威となっていく契機になりました。

問 35
【ア】に入る言葉として正しいものを選んでください。

1. 安倍家　　2. 烏丸家
3. 土御門家　4. 白川家

問 36
【イ】に入る言葉として正しいものを選んでください。

1. 国狭槌尊　　2. 高皇産霊尊
3. 神皇産霊尊　4. 国常立尊

問 37
【ウ】に入る言葉として間違っているものを選んでください。

1. 唯一神道　　　2. 宗源神道
3. 元本宗源神道　4. 六根清浄神道

問 38

【エ】に入る言葉として最もふさわしいものを選んでください。

1. 粟散辺土説
2. 中華須弥山説
3. 根本枝葉果(花)実説
4. 三教東漸説

問 39

【オ】【カ】に入る言葉の組み合わせとして正しいものを選んでください。

1. オ、三壇神階　カ、神道裁許状
2. オ、宗源宣旨　カ、神道裁許状
3. オ、三壇神階　カ、禰宜許諾状
4. オ、宗源宣旨　カ、禰宜許諾状

➡『神社のいろは 続』110ページ「吉田兼倶と吉田神道」、112ページ「中世神道説の集大成」、114ページ「宗源宣旨と神道裁許状」、103ページ「神国思想の変遷」、120ページ「諸社禰宜神主法度」、138ページ「垂加神道の展開と水戸学」

問 35　正解　4
問 36　正解　4

問 37　正解　4
問 38　正解　3
問 39　正解　2

> 問 40
> 以下の文章の空欄【　】に入る言葉として正しいものを選んでください。
> 【　】とは、院政期に朝廷に成立した役職で、神社の祭祀や訴訟など全般を朝廷に取り次ぎました。対象が武家の場合は「武家【　】」、社寺の場合は「寺社【　】」といいます。神社ごとに特定の公家が務め、とくに神宮【　】や賀茂【　】は、大臣や大納言などの公家が務めました。
>
> 1．奏聞　　　　　2．伝宣
> 3．申次（もうしつぎ）　4．伝奏

➡『神社のいろは　続』120 ページ「諸社禰宜神主法度」

正解　4

神宮式年遷宮は応仁の乱を境にして、120年以上、中断されていました。その再興をめぐる以下の文章を読んで問 41 から問 43 までの設問に答えてください。

尼僧の【ア】清順上人は神宮式年遷宮が久しく行われないのを嘆き、諸国を勧進して回り、天文18年（1549）に、まず【イ】の架け替えを行いました。次いで第106代正親町天皇のご意向を受け、諸国の武士に勧進して外宮遷宮を遂行します。さらに、朝野の浄財を募って内宮の遷宮を目指しましたが志半ばで亡くなり、その遺志は【ア】周養上人へと受け継がれました。周養上人も広く活発な勧進活動を行い、織田信長から多大な援助を受けます。信長の没後は、豊臣秀吉からも多額の支援を受け、天正13年（1585）に【ウ】の式年遷宮が再興されたのです。

　従来、式年遷宮は【エ】が先に遷宮を斎行し、【オ】はその2、3年後に行われるのがおおむねの慣例となっていました。その後の慶長14年（1609）に両宮の式年遷宮が行われ、以降、式年遷宮は『延喜式』の定めに従い20年ごとに行われるようになりました。幕府は造営料3万石をもってその支援を行い、【カ】が造営の総督にあたりました。

問41
【ア】【イ】に入る言葉の組み合わせとして正しいものを選んでください。

1．ア、金地院　イ、宇治橋

2. ア、慶光院　イ、宇治橋
3. ア、金地院　イ、風日祈宮橋
4. ア、慶光院　イ、風日祈宮橋

問42
【ウ】【エ】【オ】に入る言葉の組み合わせとして正しいものを選んでください。

1. ウ、内宮　エ、内宮　オ、外宮
2. ウ、外宮　エ、外宮　オ、内宮
3. ウ、内宮・外宮　エ、内宮　オ、外宮
4. ウ、内宮・外宮　エ、外宮　オ、内宮

問43
【カ】に入る言葉として正しいものを選んでください。

1. 神宮奉行　2. 山田奉行
3. 伊勢奉行　4. 度会奉行

➡『神社のいろは　続』125ページ「神宮式年遷宮の再興」

問41　正解　2
問42　正解　3
問43　正解　2

問 44
次の文章を読んで【ア】【イ】にあてはまる言葉として正しいものを答えてください。

　江戸時代になって都市が発達すると、大規模な祭礼が成立していきます。日枝神社の山王祭、神田神社の神田祭、根津神社の根津祭などの江戸の祭礼では、【ア】をこらした山車や屋台、行列などが繰り出されました。このような大規模な祭礼は関東近圏を中心とした多くの城下町の祭礼様式に影響を与え、京都の【イ】とともに、全国各地の祭礼に大きな影響を与えました。

1．ア、数寄　イ、豊国祭
2．ア、数寄　イ、祇園祭
3．ア、風流　イ、豊国祭
4．ア、風流　イ、祇園祭

➡『神社のいろは　続』129 ページ「庶民と神社、祭礼」

正解　4

問 45
以下の文章の空欄【　】に入る言葉として最もふさわしいものを選んでください。

　江戸時代になって 17 世紀後半には、一般

庶民に向けての【 】が行われるようになっていきます。そのなかには増穂残口のものなど流行したものもあります。また、出版されたものもあり、これらは後に「通俗神道書」と呼ばれました。この【 】は、講談や落語などにも発展していきます。

1. 神道漫談　2. 辻説法
3. 神道講釈　4. 古道門付け

➡『神社のいろは　続』129ページ「庶民と神社、祭礼」

正解　3

問46
以下は江戸時代の庶民信仰に関する文章です。【ア】【イ】に入る言葉の組み合わせとして最もふさわしいものを選んでください。

江戸時代になると都市部では【ア】神が盛んに信仰されるようになりました。それまでの農耕の神としての性格に加え、商業の神として信仰されるようになり、多くの【ア】社が勧請されました。天神も学者文人の間で学業の神として信仰されるようになり、寺子屋での天神講などを通して庶民に広く浸透していきました。愛宕・秋葉など火防の神に対する信仰や、【イ】信仰も盛んになりました。【イ】信仰は、従来

の漁業の神から商業の神として、関西を中心に広く信仰されました。

1. ア、稲荷　イ、エビス
2. ア、稲荷　イ、白山
3. ア、貴船　イ、エビス
4. ア、貴船　イ、白山

➡『神社のいろは　続』131ページ「講と庶民信仰」
正解　1

江戸時代の神道説に関する以下の文章を読んで問47から問52までの設問に答えてください。

　京都相国寺の禅僧だった藤原惺窩は還俗して朱子学の啓蒙に努め、門人の【ア】は家康に用いられました。【ア】は【イ】を唱えました。これは儒家神道家に共通する考え方です。【ア】が唱えた神道説は理当心地神道と呼ばれます。この思想は朱子学の「理気二元論」に基づいていました。

　一方、自らが拠り所とする神道説の再構築を図った人たちも現れます。吉川神道は吉川惟足によって唱えられました。惟足は従来の【ウ】を教学面から強化しました。外宮権禰宜の出口（度会）延佳は、儒学による解釈に基づいて伊勢神道の神道説を再構築しました。そして、近世における一つの思想としてまとめあげたともいえるのが【エ】の垂加神道です。

それまでの神道説と儒家神道説との大きな違いは【オ】があることとされています。

垂加神道はさまざまに影響を与え、水戸学も影響を受けました。水戸学は、御三家の一つ水戸藩の第2代藩主・徳川光圀が【カ】編纂のために史局・彰考館を開設したことに始まります。

問47
【ア】に入る言葉として正しいものを選んでください。

1．山鹿素行　　2．中江藤樹
3．熊沢蕃山　　4．林羅山

問48
【イ】に入る言葉として正しいものを選んでください。

1．三教一致思想　　2．仏儒一致説
3．神儒一致説　　　4．五行一致思想

問49
【ウ】に入る言葉として正しいものを選んでください。

1. 両部神道　　2. 吉田神道
3. 山王一実神道　4. 三輪流神道

問 50
【エ】に入る言葉として正しいものを選んでください。

1. 荻生徂徠　2. 石田梅岩
3. 新井白石　4. 山崎闇斎

問 51
【オ】に入る言葉として正しいものを選んでください。

1. 崇道思想　2. 排仏思想
3. 崇仏思想　4. 排道思想

問 52
【カ】に入る言葉として正しいものを選んでください。

1.『大日本史』　2.『類聚国史』

3.『本朝神社考』 4.『古史通』

❖ 解 説 ❖

問50の荻生徂徠は江戸時代中期の儒学者です。問52の『類聚国史』は編年体の六国史の記事を内容によって分類した菅原道真の編纂による歴史書です。『古史通』は『日本書紀』の神話を史実によって考証しようとした新井白石の史論書です。

➡『神社のいろは 続』132ページ「儒家神道の展開」、135ページ「吉川神道と後期伊勢神道」、136ページ「神道説の集大成」、138ページ「垂加神道の展開と水戸学」、112ページ「中世神道説の集大成」、96ページ「鎌倉新仏教と仏家神道」、99ページ「両部神道と山王神道の展開」

問47 正解 4	問48 正解 3
問49 正解 2	問50 正解 4
問51 正解 2	問52 正解 1

問53

「さて凡(すべ)て迦微(かみ)とは、古(いにしえの)御典(みふみ)等(ども)に見えたる天地(あめつち)の諸(もろもろ)の神たちを始めて、其(そ)を祀れる社に坐(ます)御霊(みたま)をも申し、又(また)人はさらにも云(いわ)ず、鳥獣木草(とりけものきくさ)のたぐい海山(うみやま)など、其余(そ

のほか)何にまれ、尋常(よのつね)ならずすぐれたる徳(こと)のありて、可畏(かしこ)き物を迦微(かみ)とは云(いう)なり」

　これは誰が書いた神様の定義でしょうか。

1. 荷田春満　　2. 賀茂真淵
3. 本居宣長　　4. 平田篤胤

➡『神社のいろは　続』141ページ「本居宣長の国学の集大成」、139ページ「国学の勃興」

正解　3

問54
平田篤胤の事績について間違っているものを選んでください。

1. 日本人が古くから持っている素朴な霊魂観を理論化したともいえる。
2. 記紀の異伝を統一し、それらを古史へ復元することを目的としていた。
3. 門人組織を作り、門人獲得を積極的に働きかけた。
4. 門人たちは、各地で神葬祭の復興運動や尊王運動には従事せず、維新に際して、大きな影響力は持たなかった。

➡『神社のいろは　続』143ページ「平田篤胤の展開」、144ページ「復古神道の展開」

正解　4

以下の文章を読んで問55から問58までの設問に答えてください。

明治3年（1870）、大教宣布の詔が発せられ、日本の歴史や祭政一致の理念などを周知する国民教化運動が始まります。しかし、神道家、神職のみならず僧侶も【ア】として動員されたこの教化運動は紆余曲折を経て、明治17年（1884）には中止されることになります。この過程で出来た神道側の布教機関が【イ】でした。

また、上記の動きとあわせて、神社は「国家の宗祀」として一宗一派に属する宗教的存在ではなく、ほかの宗教とは扱いを別にすることになっていきます。しかし、意見を異にした人たちもいました。【ウ】宮司の千家尊福などは官幣大社の神官の身分を離れ、神社とは密接不可分としつつ、教団を組織して神道の布教を始めました。このような教団は後に【エ】と呼ばれました。

問55
【ア】に入る言葉として正しいものを選んでください。

1. 説教師　　2. 伝道師
3. 教導職　　4. 教師職

問 56
【イ】に入る言葉として正しいものを選んでください。

1. 神職中央局　　2. 神道教化局
3. 神道事務局　　4. 神職連絡局

問 57
【ウ】に入る言葉として正しいものを選んでください。

1. 熊野大社　　2. 多度大社
3. 伏見稲荷大社　　4. 出雲大社

問 58
【エ】に入る言葉として適切なものを選んでください。

1. 教派神道　　2. 布教神道
3. 教祖神道　　4. 教導神道

➡『神社のいろは　続』152ページ「教部省と国民教化策の展開」、154ページ「教派神道」

問55　正解　3
問56　正解　3
問57　正解　4
問58　正解　1

以下の文章を読んで問59と問60の設問に答えてください。

　明治期の神社・神道をとりまく制度などの変革は、神宮に関しても無縁なものではありませんでした。御師も廃止され、新たに教化のための機関として【ア】を設置し、全国の伊勢講などの崇敬のための組織を再編成しました。また、神社や神官としては教化活動が困難になったため、「神宮教」が設立され、神宮大麻などの頒布にも携わりました。神宮教は、明治32年（1899）には崇敬者組織として財団法人【イ】となりました。大麻の頒布に関しては神宮内に新たに神部署（かんべしょ）という部局が設置され頒布に携わるようになりました。昭和に入ってからは全国神職会への頒布事業の委託も始まりました。

問 59
【ア】に入る言葉として正しいものを選んでください。

1. 伊勢教院
2. 神宮教院
3. 五十鈴教所
4. 本宗教所

問 60
【イ】に入る言葉として正しいものを選んでください。

1. 神宮奉斎会
2. 本宗奉賛会
3. 神明奉斎会
4. 伊勢奉斎会

➡『神社のいろは 続』155 ページ「神宮奉斎会の成立」

問 59 正解 2 問 60 正解 1

問 61
大正9年(1920)、全国民の積極的な奉賛活動により創建された神社とはどれでしょうか。

1. 平安神宮
2. 橿原神宮
3. 北海道神宮
4. 明治神宮

140

➡『神社のいろは　続』157ページ「皇室祭祀と神社祭祀の整備」

正解　4

問 62

以下の文章を読んで空欄【　】に入る言葉として正しいものを選んでください。

昭和14年（1939）、全国の招魂社は【　】と改称され、主要な【　】は府県社と同等の社格として扱われるようになりました。

1. 建国神社　2. 忠魂神社
3. 鎮魂神社　4. 護国神社

➡『神社のいろは　続』158ページ「神祇院の設立と護国神社」

正解　4

問 63

大正2年まで本殿はなく、拝殿奥の瑞垣内の禁足地が聖地として崇められていました。ご神体である神剣「韴霊（ふつのみたま）」がこの土中深くの石室に祀られているとの伝承があり、明治7年に当時の大宮司が神祇官の許可を得て調査したところ、多くの玉類や剣、矛とともに神剣が出てきました。その名が記紀に見出され

るこの神社とはどこでしょうか。

1．石上神宮　　　2．石上布都魂神社
3．伊太祁曽神社　4．日前神宮・國懸神宮

❖　解　説　❖

　石上布都魂神社は岡山県に鎮座する神社で素盞嗚尊（すさのおのみこと）をお祀りしています。伊太祁曽神社と日前神宮・國懸神宮は和歌山県に鎮座する神社で、伊太祁曽神社は五十猛命（いたけるのみこと）を主祭神とし、日前神宮・國懸神宮は日前大神（ひのくまのおおかみ）と國懸大神（くにかかすのおおかみ）を主祭神としています（公式テキスト⑩『神話のおへそ『日本書紀』編』107ページ「さまざまな祭祀の起源」、122ページ「草薙剣」参照）。

➡『神社のいろは　続』167ページ「石上神宮について教えてください」

正解　1

問64
以下の文章の【ア】【イ】に入る言葉の組み合わせとして正しいものを選んでください。
『日本書紀』天武天皇4年に、【ア】の神、【イ】の神を国家的に祀ったことが記されており、これが、【ア】の「風神祭」、【イ】の「大忌祭」の初見とされています。大宝元年

(701) に「神祇令」が出来てからは、4月と7月の恒例の祭りとなりました。両祭の祝詞は『延喜式』巻八に収録されています。春日（春日大社）・【ア】・【イ】の社庫の鍵は、神祇官の倉に保管されていて、お祭りのときに派遣される勅使が受け取り、終わると返納されることが規定されていました。

1. ア、廣瀬　イ、龍田
2. ア、龍田　イ、廣瀬
3. ア、率川　イ、狭井
4. ア、狭井　イ、率川

➡『神社のいろは　続』170ページ「廣瀬神社、龍田大社について教えてください」、39ページ「神祇令と国家祭祀」

正解　2

問 65
今木皇（いまきのすめ）大神と久度大神、古開（ふるあきの）大神、比賣（ひめ）大神をお祀りしています。今木皇大神と久度大神、古開大神は、もともとは平城京内でお祀りされていましたが、平安京遷都にともない現在地に遷祀されました。毎年4月、11月に行われていたお祭りは皇太子親祭で、平安中期以降は二十二社の一つでした。神紋は桜で、4月10日には

桜花祭があり、これは寛和元年（985）に花山天皇の命で臨時の勅祭が行われたことが起源です。この京都市に鎮座する神社とはどこでしょうか。

1. 平野神社　　2. 護王神社
3. 御香宮神社　4. 河合神社

❖ 解　説 ❖

すべて京都に鎮座する神社ですが、護王神社は和気清麻呂公命（わけのきよまろこうのみこと）と和気広虫姫命（わけのひろむしひめのみこと）を主祭神とし、御香宮神社は神功皇后を主祭神としています。河合神社は下鴨神社の摂社で玉依姫命（たまよりひめのみこと）をお祀りしています。

➡ 『神社のいろは　続』178ページ「平野神社について教えてください」

正解　1

問66
『日本書紀』によれば、第10代崇神天皇は、遠国には朝廷に従わないものがいるので、皇族から4人を選んで、北陸（くぬがのみち）・東海（うみつみち）・西道（にしのみち）・丹波（たには）へ派遣せよ、との詔を出されました。いわゆる「四道将軍」ですが、そのなかで「西道」に派遣された皇族がご祭神の神社とは

どれでしょうか。「比翼入母屋造」という独特の構造で、高さでは出雲大社に及ばないものの、広さは約2倍以上の大きさのご本殿でも有名です。

1. 長田神社　　2. 彌彦神社
3. 住吉大社　　4. 吉備津神社

❖ 解 説 ❖

彌彦神社は新潟県に鎮座し天香山命（あめのかごやまのみこと）をお祀りする神社です。

➡『神社のいろは　続』188ページ「吉備津神社について教えてください」、176ページ「廣田神社について教えてください」

正解　4

問67
古くから海上交通の要衝で海賊（水軍）の本拠地ともなりました。中世以降、武士からの崇敬が篤く、奉納された多くの甲冑がそれを物語っています。源義経や頼朝の奉納と伝わる甲冑などがあり、刀や禽獣葡萄鏡など国宝8点、重要文化財682点などが保存されています。禽獣葡萄鏡は越智氏が水軍を率いて朝鮮半島の白村江の戦いに出陣した際、第37代斉明天皇が当社に奉納したものと伝わっています。ご祭神は山の神でもあり、海の神でもあり、鉱山の神

でもあります。この神社とはどれでしょうか。

1. 厳島神社　　2. 大山祇神社
3. 宗像大社　　4. 金刀比羅宮

➡『神社のいろは　続』190ページ「大山祇神社について教えてください」

正解　2

問68
以下の文章は何という神社を説明したものでしょうか。

　貞観元年（859）、藤原北家の中納言・藤原山蔭が藤原氏の氏神である春日神社（春日大社）をこの地に勧請したのが起源とされます。その後、藤原北家に生まれた詮子（せんし。藤原道長の姉）は、第64代円融天皇の皇后となり、第66代一条天皇の生母となります。そのような関係もあり、寛和2年（986）に一条天皇が即位されると、翌年から朝廷からの奉幣を受ける神社となり、同じく春日神社を勧請した大原野神社に準じる扱いを受けるようになります。祭礼としては2月3日の節分祭が有名で3日間にわたって行われます。とくに前日祭での追儺式は一般に「鬼やらい」として親しまれています。

> 1. 鹿島神宮　2. 香取神宮
> 3. 枚岡神社　4. 吉田神社

➡ 『神社のいろは　続』184ページ「吉田神社について教えてください」

正解　4

問 69
ご祭神は須佐之男命と稲田姫命、大己貴命で、武蔵国一宮でした。明治天皇は当社を武蔵国の鎮守社、勅祭社と定め、明治元年に行幸され、お祭りを斎行されました。この神社とは以下のうちどれでしょうか。

1. 秩父神社　2. 寶登山神社
3. 三峯神社　4. 氷川神社

❖　解　説　❖

秩父神社と寶登山神社、三峯神社は秩父三社といわれ、寶登山神社は神日本磐余彦尊（かんやまといわれひこのみこと）と大山祇神（おおやまづみのかみ）、火産霊神（ほむすびのかみ）をお祀りし、三峯神社は伊弉諾尊（いざなぎのみこと）と伊弉册尊（いざなみのみこと）を主祭神としています。

➡『神社のいろは 続』194ページ「氷川神社について教えてください」、196ページ「秩父神社について教えてください」

正解 4

問70
社伝によれば、征夷大将軍・坂上田村麻呂が再建した神社とはどれでしょうか。旧暦8月1日が例大祭で、津軽各地の人々がこの神社が鎮座する「お山」に登拝する「お山参詣」が行われます。

1. 月山神社
2. 鳥海山大物忌神社
3. 出羽神社
4. 岩木山神社

❖ 解 説 ❖

鳥海山大物忌神社は山形県に鎮座する神社です。
➡『神社のいろは 続』202ページ「岩木山神社について教えてください」、200ページ「出羽三山神社について教えてください」

正解 4

問71から問90は令和のご大礼に関する問題です。

> **問71**
> 以下の文章を読んで空欄【 】に入る言葉として正しいものを選んでください。
>
> 　天皇の践祚の時に「剣璽」が受け継がれるようになったのは平安時代初期からのことである。それまでは、「神祇令」に記されている通り、「神璽（しんじ）の【 】」を受け渡す儀式が行われていた。
>
> 1．鏡剣　　2．鏡璽　　3．鏡　　4．宝剣

➡『令和のご大礼　完全版』6ページ「剣璽等承継の儀」、12ページ「賢所に期日奉告の儀」。『神社のいろは　続』45ページ「践祚大嘗祭と大祓」
正解　1

以下の文章を読んで問72から問74までの設問に答えてください

　大嘗祭は天皇が即位後に執り行われる一代一度の特別の祭典である。歴史的には【ア】の頃に制度的に固まったとされている。大嘗祭には多くの諸儀が伴う。「大嘗宮の儀」では、天皇陛下が初めて新穀を皇祖及び天神地祇に供えられて自らも召し上が

り、国家・国民のためにその安寧と五穀豊穣などを感謝し祈念される。その大嘗宮の儀において供えられる新穀を供する「斎田」を選ぶ祭儀が「斎田【イ】の儀」である。それは、【ウ】によって斎田を供する2か所の「斎国」を決めるというものだ。

問72
【ア】に入る言葉の組み合わせとして正しいものを選んでください。

1. 斉明天皇・天智天皇
2. 天武天皇・持統天皇
3. 文武天皇・元明天皇
4. 元正天皇・聖武天皇

問73
【イ】に入る言葉として正しいものを選んでください。

1. 卜定　2. 勅定
3. 点定　4. 裁定

問74
【ウ】に入る言葉として正しいものを選んでください。

1. 太占（ふとまに）　2. 亀卜（きぼく）
3. 琴占（ことうら）　4. 御卜（みうら）

➡『令和のご大礼　完全版』18ページ「斎田点定の儀」。『神社のいろは　続』45ページ「践祚大嘗祭と大祓」

問72　正解　2　　問73　正解　3
問74　正解　2

「即位礼正殿の儀」について書かれた以下の文章を読んで問75と問76の設問に答えてください。

13時過ぎ、「カーン」という鉦の音が鳴り響いた。参列者が起立すると、【ア】と【イ】それぞれの紫の御帳（みちょう）が侍従と女官2人ずつの手によってゆっくりと開けられた。【ア】には天皇陛下が、【イ】には皇后陛下が真正面を見据えて立たれていた。

「トーン」という鼓の合図により参列者が敬礼した。内閣総理大臣が陛下の前に進み、天皇陛下が侍従の奉仕により「おことば」が書かれた紙を受け取ると、ゆっくりと力強く述べられた。次に首相が「一同こぞって心からお慶び申し上げます」と【ウ】を述べ、ご即位を祝して万歳を三唱した。この【ウ】にも歴史的な由来がある。古くは、即位や大嘗祭の時に、神祇のことに携わった【エ】が「天神（あまつかみの）【ウ】」を述べた。その全文は、近衛天皇の康治（こうじ）元年（1142）11月

12日に奏されたものが、左大臣・藤原頼長の日記『台記別記』に収められている。

問 75

【ア】【イ】に入る言葉の組み合わせとして正しいものを選んでください。

1. ア、悠紀帳　イ、主基帳
2. ア、主基帳　イ、悠紀帳
3. ア、高御座　イ、御帳台
4. ア、御帳台　イ、高御座

問 76

【ウ】【エ】に入る言葉の組み合わせとして正しいものを選んでください。

1. ウ、寿詞　エ、中臣氏
2. ウ、寿詞　エ、忌部氏
3. ウ、託宣　エ、中臣氏
4. ウ、託宣　エ、忌部氏

➡『令和のご大礼　完全版』25ページ「即位礼正殿の儀」の29ページ。『神社のいろは　続』45ページ「践祚大嘗祭と大祓」、46ページ「中臣氏と忌部氏」

問 75　正解　3　　問 76　正解　1

以下の文章を読んで問77から問80までの設問に答えてください。

大嘗宮の儀前日の11月13日には「【ア】の儀」が行われた。大嘗祭のすべての行事が滞りなく無事に行われるよう天皇陛下はじめ関係諸員の安泰を祈念する儀式である。

大嘗祭は天皇即位後に斎行の年を決めて行われる初めての新嘗祭だ。古くは大嘗祭と新嘗祭に明確な区別はなかった。『延喜式』では践祚大嘗祭と恒例の新嘗祭は明確に分けられていて、天皇が崩御された時には諒闇（喪）1年を経た年の11月の下（しも）の「【イ】日」に斎行され、【ウ】以前に譲位があった場合にはその年の同日に行われることが規定されていた。なお「【イ】日」が3日あった場合は中（なか）の【イ】日に斎行された。また、祭祀は潔斎の期間によって1か月の大祀【エ】、中祀【オ】、小祀（1日）に分けられていたが、大嘗祭は唯一、大祀と位置づけられていた。

問77
【ア】に入る言葉として最もふさわしいものを選んでください。

1. 御禊　2. 大祓
3. 鎮魂　4. 御湯

問78

【イ】に入る言葉として正しいものを選んでください。

1. 丑　2. 寅　3. 卯　4. 辰

問79

【ウ】に入る言葉として正しいものを選んでください。

1. 5月　2. 6月
3. 7月　4. 8月

問80

【エ】【オ】に入る言葉の組み合わせとして正しいものを選んでください。

1. エ、3か月　オ、10日
2. エ、3か月　オ、3日
3. エ、1か月　オ、10日
4. エ、1か月　オ、3日

➡『令和のご大礼　完全版』42ページ「大嘗祭前一日鎮魂の儀」。『神社のいろは　続』45ページ「践祚大嘗祭と大祓」

問77　正解　3　　問78　正解　3
問79　正解　3　　問80　正解　4

以下の文章を読んで問81から問83までの設問に答えてください。

　令和元年11月13日の14時からは、完成した大嘗宮の安寧を祈念する「大嘗祭前一日大嘗宮鎮祭」が行われた。約90m四方の敷地に大小40近い建物が造営された大嘗宮の総面積は約2700㎡。全体として、皮付きの丸太を用いる【ア】造りや、扉・壁の【イ】張り、外壁などに榊ではなく椎の枝が挿されたのは『延喜式』以来の例による。

　しかし、人件費や材料費の高騰などにより、主要三殿は萱葺きから板葺きへと変更し、全体的に工法・材料などが見直された。規模そのものも前回より2割ほどの縮小となった。

　「鎮祭」は掌典らが悠紀殿南階（なんかい）の下に並んだ後、悠紀殿内陣の四隅に賢木（さかき）を立て、四隅に米・塩・切麻を散供（さんぐ）。神饌が奉られた後、祝詞を奏上した。これは『貞観儀式』『延喜式』でも規定され、『古語拾遺』が強調しているように、大嘗宮完成の際に必ず斎行された祭儀【ウ】である。

　また、鎮祭に先立つ10月30日と11月12日に【エ】が納められた。これは、大嘗宮の儀において供えられる各都道府県の特産品で、悠紀・主基両殿の「南庭」の帳舎に供進された。

問 81

【ア】【イ】に入る言葉の組み合わせとして正しいものを選んでください。

1. ア、素木　イ、板
2. ア、素木　イ、畳表（たたみおもて）
3. ア、黒木　イ、板
4. ア、黒木　イ、畳表

問 82

【ウ】に入る言葉として正しいものを選んでください。

1. 「大殿祭（おおとのほがい）」と「御門祭（みかどまつり）」
2. 「御形祭（ごぎょうさい）」と「甍祭（いらかさい）」
3. 「杵築祭（こつきさい）」と「御戸祭（みとさい）」
4. 「洗清（あらいきよめ）」と「御飾（おかざり）」

問83

【エ】に入る言葉として正しいものを選んでください。

1．庭積の懸税　　2．庭積の机代物
3．大庭の懸税　　4．大庭の机代物

➡『令和のご大礼　完全版』42ページ「大嘗祭前一日大嘗宮鎮祭」の44ページ

問81　正解　4
問82　正解　1
問83　正解　2

「大嘗宮の儀」に関して書かれた以下の文章を読んで問84から問88までの設問に答えてください。

18時半前、【ア】で身を清められ、純白・生絹（すずし）の御祭服に身を包まれた陛下が、悠紀殿へと向かう廊下にお出ましになった。式部官長の先導で、侍従らが敷く【イ】の上を静々と進まれていく。板張りの通路には、あらかじめ白い布が敷かれているが、陛下が進まれる前に、さらにその上に葉薦（はごも）が敷かれ、通られた後に、その葉薦が巻き取られていくのだ。

陛下の前を【ウ】を持つ侍従が行き、陛下の頭上には、鳳凰の飾りが付いた大きな菅笠（すげがさ）

「御菅蓋（おかんがい）」が差し掛けられている。浄闇の中、茅を束ねた「脂燭（ししょく）」の炎に照らされ、陛下の姿が少しずつ露わになる。

18時35分過ぎ、いよいよ陛下は悠紀殿の中へ進まれ、帳（とばり）が閉じられた。次第によれば、【ウ】が外陣の案上に奉安され、陛下は外陣の御座に着かれたという。

奈良・吉野に古くから伝わる歌「【エ】の古風（いにしえぶり）」の後、悠紀地方・栃木の「【オ】」が奏でられ、低く長い声が響いてくる。【エ】の古風の歌詞は、【カ】ゆかりの歌であり、古くより大嘗祭や諸節会で奏されてきた。【オ】は、稲春歌と同じように悠紀・主基地方の地名を入れて詠まれ楽部により作曲される。

その歌が終わると、皇后陛下が帳殿でご拝礼。秋篠宮・同妃両殿下はじめ皇族方も拝礼された。皇后陛下は、お出ましの時と同じお列で【ア】へと戻られた。

問84
【ア】に入る言葉として正しいものを選んでください。

1. 廻立殿　　2. 小忌幄舎
3. 斎庫　　　4. 膳屋

問 85

【イ】に入る言葉として正しいものを選んでください。

1. 帛布単（はくふたん）
2. 御毯代（ごたんだい）
3. 御敷道（おんみちしき）
4. 御莚道（ごえんどう）

問 86

【ウ】に入る言葉として正しいものを選んでください。

1. 鏡剣　　2. 鏡璽
3. 剣璽　　4. 御璽

問 87

【エ】【カ】に入る言葉の組み合わせとして正しいものを選んでください。

1. エ、国栖　カ、仁徳天皇
2. エ、国栖　カ、応神天皇
3. エ、宇陀　カ、仁徳天皇
4. エ、宇陀　カ、応神天皇

問 88
【オ】に入る言葉として正しいものを選んでください。

1. 風俗歌　　2. 万葉歌
3. 民謡歌　　4. 大歌

➡『令和のご大礼　完全版』46ページ「大嘗宮の儀」の48ページ、54ページ「大饗の儀」の60ページ、23ページ「悠紀主基両地方新穀供納」、45ページ「大嘗宮平面図」

問84　正解　1
問85　正解　4
問86　正解　3
問87　正解　2
問88　正解　1

問 89
「大嘗宮の儀」について書かれた以下の文章の空欄【　】に入る言葉として正しいものを選んでください。

一切うかがい知ることのできない「秘事」とされる供饌の儀は、四隅に灯籠の明かりがともる約8m四方の内陣で行われる。内陣には陛下の御座と神座が二つ設けられている。一つは先述した御衾（おんふすま）をおかけし御単（お

んひとえ)を奉安した神座で、もう一つは陛下のご親供を受けられるための神座である。それは、【 】の方向を背にして設けられている。つまり、御座は【 】の方向に向けられていて、祭儀は同方向に向けて行われるのである。

1. 淡路島　　2. 奈良
3. 京都　　　4. 伊勢

➡『令和のご大礼　完全版』46ページ「大嘗宮の儀」の52ページ

正解　4

問90
「即位礼及び大嘗祭後神宮に親謁の儀」について書かれた以下の文章を読んで空欄【 】に入る言葉として正しいものを選んでください。

　ご親謁にあたって天皇陛下は、神宮に「御神宝」と「御幣帛」を奉られた。これは、平安時代中期から、御代替わりに伴い、神宮はじめ諸国の50社に大神宝などを奉献する「天皇【 】の大奉幣」が行われていたが、そのことに由来するものだ。

1. 畢生(ひっせい)　　2. 即位
3. 大嘗　　　　　　　4. 一代一度

➡『令和のご大礼 完全版』64ページ「即位礼及び大嘗祭後神宮に親謁の儀」の65ページ。『神社のいろは 続』72ページ「天皇御願の祭祀と神鏡」

正解　4

問91
以下の文章を読んで【ア】【イ】に入る言葉として正しいものを選んでください。
五十鈴川の水源である「神路山」と【ア】、宮川流域の「前山」の3つの山々から成る宮域林。広大な面積の宮域林は、かつて遷宮の御用材を伐り出す【イ】であった。

1. ア、島路山　イ、御山
2. ア、島路山　イ、御杣山
3. ア、天路山　イ、御山
4. ア、天路山　イ、御杣山

➡『皇室』99号86ページ「神宮宮域林　百年の森と杣夫の技」の同ページ上段

正解　2

問 92
同じく「神宮神御衣御料（かんみそごりょう）奉献」に関する以下の文章を読んで空欄【 】に入る言葉として正しいものを選んでください。

神御衣御料の「お糸」を載せた「お糸船」のフェリーのマストには「【 】御用」の旗がはためいている。これは神宮を表すシンボルマークとして用いられる。

1. 唯一　　2. 大一
3. 天上　　4. 頂上

➡『皇室』100号 79ページ「神宮神御衣御料奉献 神様に捧げる清き糸」の 85ページ
正解　2

以下の文章を読んで問 93 と問 94 の設問に答えてください。

すべての社殿と御装束神宝を新たにする至高の祭典「神宮式年遷宮」は、内宮は【ア】4年（690）、外宮は同6年（692）に第1回が斎行されている。20年に一度の重儀である神宮式年遷宮は大【イ】とも呼ばれる。神威の一層の高まりを願う式年遷宮は、スケールの大きな【イ】といえるのだ。

問93

【ア】に入る言葉として正しいものを選んでください。

1. 天智天皇　　2. 天武天皇
3. 持統天皇　　4. 文武天皇

問94

【イ】に入る言葉として正しいものを選んでください。

1. 例祭　　　　2. 祈年祭
3. 神御衣祭　　4. 神嘗祭

➡ 『皇室』101号90ページ「神宮の祭り　第一回神嘗祭」の94ページ上段、97ページ上段

問93　正解　3
問94　正解　4

神宮のお祭りについて書かれた以下の文章を読んで問95と問96の設問に答えてください。

【ア】は、勅使の参向はないものの、祭儀の内容としては神嘗祭と変わりない。由貴【イ】の品目も神

嘗祭に準じており、異なるのは新穀ではない点のみだ。元来は【ア】も国家的祭祀であり、中世まではこの夜、宮中で天皇御自らが天照御大神をお祀りし、共食される【ウ】が行われていた。

問 95

【ア】【イ】に入る言葉の組み合わせとして正しいものを選んでください。

1．ア、月次祭　イ、大御饌
2．ア、新嘗祭　イ、大御饌
3．ア、月次祭　イ、大贄
4．ア、新嘗祭　イ、大贄

問 96

【ウ】に入る言葉として正しいものを選んでください。

1．神今食　　2．神共食
3．浄今食　　4．浄共食

➡ 『皇室』101号90ページ「神宮の祭り　第一回　神嘗祭」の95ページ2段目

問95　正解　1
問96　正解　1

問 97

神嘗祭について書かれた以下の文章を読んで空欄【 】に入る言葉として正しいものを選んでください。

【 】の方法は琴卜(ことうら)と呼ばれる古代の占いの一種で、次のように行われる。まず、所役の宮掌により、奉仕員の職名と名が読み上げられる。すると、別の所役の宮掌が息を吸い込んで、ヒュッと口笛のように音を鳴らす。これを口嘯(うそぶき)という。次に、権禰宜が琴板(こといた)という木の板を手にした筴でコツンと打つと、その奉仕員が神慮に適ったしるしである。

1. 読卜　2. 御卜
3. 口卜　4. 筴卜

➡『皇室』101号90ページ「神宮の祭り　第一回神嘗祭」の98ページ

正解　2

問 98

神嘗祭について書かれた以下の文章を読んで空欄【 】に入る言葉として正しいものを選んでください。

御正宮石階下の御贄調舎（みにえちょうしゃ）で御贄調理が行われた。豊受大御神の照覧のもと、生の【　】を調理する儀式で、内宮でのみ行われる。祭主以下が蹲踞（そんきょ）して見守るなか、辛櫃から案の上に取り出された【　】に、忌刀（いみがたな）が入れられる。

1．鰒（あわび）　2．鮭（さけ）
3．鯉（こい）　　4．鯛（たい）

➡『皇室』101号90ページ「神宮の祭り　第一回　神嘗祭」の99ページ
正解　1

以下の文章を読んで問99と問100の設問に答えてください。

　日別朝夕大御饌祭が行われるのは、【ア】の【イ】である。板垣内の東北隅に建つ【イ】は特有の殿舎である。東西に棟持柱が1本ずつあるほかは、屋根を支える柱がなく、横板壁を井桁（いげた）に組み合わせて重ねた井楼組（せいろうぐみ）と呼ばれる高床式の建物だ。神宮で最も古い社殿形式を伝えているという。

　殿内には6つの神座が設けられており、東側に【ウ】が並び、相対して西側に【エ】が並ぶ。以上に、それぞれ神饌が供進される。

問 99

【ア】【イ】に入る言葉の組み合わせとして正しいものを選んでください。

1. ア、豊受大神宮 イ、忌火屋殿
2. ア、豊受大神宮 イ、御饌殿
3. ア、皇大神宮 イ、忌火屋殿
4. ア、皇大神宮 イ、御饌殿

問 100

【ウ】【エ】に入る言葉の組み合わせとして正しいものを選んでください。

1. ウ、皇大神宮 エ、豊受大神宮
2. ウ、皇大神宮・同別宮 エ、豊受大神宮・同別宮
3. ウ、皇大神宮・同相殿神 エ、豊受大神宮・同相殿神
4. ウ、皇大神宮・同相殿神・同別宮 エ、豊受大神宮・同相殿神・同別宮

➡『皇室』102号85ページ「神宮の祭り 第二回 日別朝夕大御饌祭」の86ページ上段、91ページ下段

問99 正解 2　　問100 正解 4

第12回
神社検定
問題と解説

指定テキストから総合的に出題　全100問

令和6年6月23日に行われた
「第12回 神社検定」の1級試験は、
公式テキスト⑦『神社のいろは要語集　祭祀編』から50問、
特別テキスト『令和のご大礼　完全版』から30問、
公式テキスト⑨『神話のおへそ『古語拾遺』編』から10問、
季刊誌『皇室』令和5年夏・99号から1問、
季刊誌『皇室』令和5年秋・100号から1問、
季刊誌『皇室』令和6年冬・101号から8問、
が出題されました。
（問題の中には出典が重複するものもあります）

※解説に示しているのは、公式テキストに掲載されている
　関連項目のページ数です。

八神殿に関する以下の文章を読んで問1から問4までの設問に答えてください。

律令制における神社行政の中央官庁・神祇官に奉斎された官衙（かんが）神のうち、【ア】の祭る神八座を総称して八神といい、その八宇（う）の神殿を名づけて八神殿と呼んだ。『延喜式』巻九「神名上」には次のようにある。

　　【ア】の祭る神　八座（並（みな）大。月次・新嘗。中宮・東宮の【ア】も亦同じ。）
　　神産日神　　　　高御産日神
　　玉積（たまる）【イ】神　　生（いく）【イ】神
　　足（たる）【イ】神　　　　大宮売（おおみやのめの）神
　　御食津（みけつ）神　　　　事代主神

問1
【ア】に入る言葉として正しいものを選んでください。

1．御巫（みかんなぎ）
2．坐摩（いかすりの）巫
3．御門（みかどの）巫
4．生嶋（いくしまの）巫

問2
下線部の八神殿の説明として間違っているものを選んでください。

1. 八神殿は神籬磐境の神勅に基づいて建てられた神殿とされている。
2. 宮中に八神殿が建てられたのは平城京からのことと推測されている。
3. 八神殿は、平安京では、神祇官の西院（斎院）内の西築垣側に一郭を占めていた。
4. 『延喜式』には、その祭祀の奉仕者が替わるたびに造替することが規定されていた。

問3
【イ】に入る言葉として正しいものを選んでください。

1. 直日（なおび）
2. 皇親（すめらがむつ）
3. 和魂　4. 産日

問4
上記の八神についての以下の記述のうち間違っているものを選んでください。

1. 『古事記』『先代旧事本紀』には八神奉斎の起源が書かれている。
2. 『延喜式』にあるように御食津神は宮内省大膳職にも祭られていた。
3. 大宮売神は『古語拾遺』「天石窟戸開き」の条と『延喜式』巻八に所収の「大殿祭」に出てくる神様である。
4. 八神は天皇はじめ中宮・東宮、院の鎮魂のために霊能を発揮する神々とされる。

➡『神社のいろは要語集　祭祀編』30ページ「八神殿」

問1　正解　1　　問2　正解　2
問3　正解　4　　問4　正解　1

宮中三殿の歴史に関して書かれた以下の文章を読んで問5と問6の設問に答えてください。

　宮中三殿は賢所と皇霊殿、神殿からなるが、賢所は皇祖・天照大御神を奉斎する御殿で、皇祖の神勅を奉じ、神鏡を皇祖と仰いで祭祀が行われる。京都にあった時代は紫宸殿の東南にあったが、明治2年の東京奠都後は、東京宮城（きゅうじょう）内・山里というところの内庭に鎮座された。明治4年、【ア】内に鎮座していた八神殿の祭神である中央・八神、東座・天神地祇、西座・歴代皇霊のうち【イ】を賢所同殿に遷座した。翌5年4月には、【ウ】も賢所域内の神宮御拝所に遷座したので、こ

れより皇霊、八神、天神地祇ともに賢所同域に奉ることとなった。同年11月、【ウ】を合わせて神殿と称することとなり、以後、八神殿の名称は使われなくなった。なお、明治10年には、歴代の皇后、皇妃、皇親も併せ祭ることとなって今日に至っている。

問5
【ア】に入る言葉として正しいものを選んでください。

1. 神祇官　2. 太政官
3. 神祇省　4. 教部省

問6
【イ】【ウ】に入る言葉の組み合わせとして正しいものを選んでください。

1. イ、八神、天神地祇　ウ、歴代皇霊
2. イ、歴代皇霊　ウ、八神、天神地祇
3. イ、天神地祇　ウ、八神、歴代皇霊
4. イ、八神、歴代皇霊　ウ、天神地祇

➡『神社のいろは要語集　祭祀編』92ページ「宮中三殿と神嘉殿、山陵の歴史」

問5　正解　3　　問6　正解　2

神籬と磐境のことについて書かれた以下の文章を読んで問7から問11までの設問に答えてください。

「神籬」の語の初出は『日本書紀』天孫降臨の段の第二の一書、「高皇産霊尊、因（よ）りて勅（みことのり）して日（のたま）はく、吾（われ）は則ち天津神籬及び天津磐境を起し樹（た）てて、まさに吾孫（すめみま）の為に斎（いわ）ひ奉（まつ）らむ。汝（いまし）、天児屋命・太玉命は、宜しく天津神籬を持（たも）ちて、葦原中国に降りて、亦（また）吾孫の為に斎ひ奉れ」である。これとほとんど同じ文章が【ア】にもある。しかし、【イ】の用例は他にも見られるが、【ウ】は非常に少なく、『日本書紀』の「【エ】紀」に「磯堅城【イ】」を倭笠縫邑に立てたことが記載されており、この「磯堅城」が【ウ】と同じ内容をもつと見られている。

「神籬」の本質については諸説がある。その第1は「古社説」とでもいうべきものである。これには「【オ】」とするもの、「【カ】」とするもの、「【キ】」とするものがある。第2は「聖域」「霊域」とする説で、そこには「垣（籬）」とするものと「城砦」とするものの2種がある。第3は「祭祀説」ともいうべきものである。これには「神饌」、「神座」とするもののほかに「神祇官」説もある。

そのなかで第3の「祭祀説」のなかの「神饌」説は、その原義を胙（ひもろぎ）肉とするものである。それに関連して、『日本書紀』垂仁天皇紀3年条や88年条に出てくるものがある。3年条の本文を挙げれば「新羅の王の子天日槍（あめのひぼ

こ）来帰（まうけ）り。将（も）て来（きた）る物は、羽太玉一箇（はふとのたまひとつ）・足高（あしたかの）玉一箇・鵜鹿鹿赤石（うかかのあかしの）玉一箇・出石小刀（いずしのかたな）一口・出石桙（ほこ）一枝・日鏡（ひのかがみ）一面・【ク】一具、幷（あわ）せて七物（ななくさ）あり」とあるもので、いわゆる「八種神宝」を語っているところである。

「磐境」についても諸説があるが、考古学の成果なども含めて総合すると以下のようなことが言えそうである。古代に「磐境」と呼ばれたものは、一つの祭場舗設を通して行われた「まつり」の方法である。そして、【ケ】など単独の石を対象としたものとの区別がある。一方で、磐境には樹木が使われていることもあり、「神籬」と組み合わされた形をとる例もあるようである。

問7
【ア】に入る言葉として正しいものを選んでください。

1．古事記　　2．万葉集
3．古語拾遺　4．先代旧事本紀

問8

【イ】【ウ】【エ】に入る言葉の組み合わせとして正しいものを選んでください。

1. イ、神籬　ウ、磐境　エ、崇神天皇
2. イ、磐境　ウ、神籬　エ、崇神天皇
3. イ、神籬　ウ、磐境　エ、垂仁天皇
4. イ、磐境　ウ、神籬　エ、垂仁天皇

問9

【オ】【カ】【キ】に入る言葉としてふさわしくないものを選んでください。

1. 神祠　　2. 杜（森）
3. 栄樹　　4. 宮

問10

【ク】に入る言葉として正しいものを選んでください。

1. 熊神籬　2. 鹿神籬
3. 蛇神籬　4. 亀神籬

問 11
【ケ】に入る言葉としてふさわしくないものを選んでください。

1. 神籠(こうご)石
2. 石神
3. 磐座
4. 巨岩

➡『神社のいろは要語集 祭祀編』102ページ「神籬」、109ページ「磐境」

問 7　正解　3
問 8　正解　1
問 9　正解　4
問10　正解　1
問11　正解　1

問 12
神体山に関する以下の文章を読んで【ア】【イ】に入る言葉の組み合わせとして一般的に間違っているものを選んでください。

　古代人は神聖な山の神霊を畏れ拝して、決してその中に踏み入るようなことはしなかった。そして、時代が下り、各地の神祭りの場に社殿

が設けられるようになると、その祭祀跡に神社が建てられるようになった。ところが、仏教が渡来し、さらに大陸の道教が加味された修験道の発達につれ、山岳崇拝に著しい変化が現れた。そして、その山頂に修法の祠が設けられ、これが【ア】となり、今までの山麓の社は【イ】となった。これは、日本の山岳信仰においての一大変革であるとともに、神体山についての観念にも大きい影響をもたらした。

1．ア、奥宮　イ、里宮
2．ア、奥社　イ、山宮
3．ア、上社　イ、下社
4．ア、前宮　イ、本宮

➡『神社のいろは要語集　祭祀編』123ページ「神社の発生と信仰の変遷」、25ページ「山宮・里宮」
正解　2

問13
以下の文章を読んで【ア】【イ】に入る言葉の組み合わせとして正しいものを選んでください。
『日本紀略』の巻九には、「疫神の為に御霊会

を修す。木工寮修理職、【ア】二基を造り、北野【イ】上に安置す」とあり、正暦5年（994）、京都郊外での疫神祭（御霊会）のために【ア】を造立したことが記されていて、長保3年（1001）にも同様な記事が出てくる。

また、神社縁起の『日吉社神道秘密記』によると、歴史上に有名な日吉社の【ア】が、桓武天皇の延暦10年（791）から造進され始めたと伝えている。『百練抄』の治承元年（1177）4月や承久元年（1219）4月、『三長記』の元久元年（1204）4月の記事などがそれである。こうして、平安時代の初めころから鎌倉時代にかけて、【ア】の造立・使用のことが文献の上で確認できる。

1. ア、山鉾　イ、船岡
2. ア、神輿　イ、船岡
3. ア、山鉾　イ、衣笠
4. ア、神輿　イ、衣笠

➡『神社のいろは要語集　祭祀編』136ページ「神輿の起こり」

正解　2

「神宝」に関して書かれた以下の文章を読んで問14から問19までの設問に答えてください。

【ア】に出てくる「瑞宝（みずのたから）十種」は、沖都（おきつ）鏡・辺都鏡・八握剣・生玉・死反（よみかえしの）玉・足玉・道返玉・蛇比礼（おろちのひれ）・蜂比礼・品物（くさぐさのもの）比礼の10種で、これを分類すると、鏡と剣と玉に「比礼」を加えた4種に大別することができる。「比礼」というのは幡（はた）の一種で「まじないもの」ともいわれ、『令集解』によると神祇官が【イ】の行事を行うときには、この「比礼」を振り動かすことが述べられている。【ア】によると、死返玉は死者をも生き返らせる霊力を秘めた神宝とされていた。

平安時代初期あたりから、神殿内に納められる神服をはじめ調度類は、祭神日常のご使用に供するという意味から、すべて「神宝」と呼び、一般的な社宝の類とは根本的に宗教的意義を異にするものと解されるようになった。一方、造営のたびごとに神威が更新し続けられるというところに、遷宮の大きな意義を見出すことができる。そこに、造営にともなって神宝類をすべて更新する重要性がある。天皇が即位に際して、神宮はじめ五畿七道の五〇社に発遣するのを例いとしていた「【ウ】使」（大奉幣）も、神々の霊力を新たに動かし、守護をいっそう力強いものにしようとしたものと考えられる。

『延喜式』【エ】「伊勢大神宮」を見ると、神宮式年遷宮に際して調進される内宮の「二十一種神宝」

と、内宮および別宮などの御装束の詳細が書かれている。神宮式年遷宮の諸建造物に関しては、【オ】が、そのつど任命され、すべてを推進した。神宝の制作の前には、必ず工匠の長が神宮に集まり、宮司や禰宜らが立ち会って、神財を拝見、描写し、その技法や伝統を頭におさめた後、制作にとりかかったと伝わっている。長暦（ちょうりゃく）2年（1038）からの15回にわたる式年遷宮史が要約的にまとめられた【カ】に「宮司、禰宜、史生、道々細工等、先例に任せ内院に参り、本様を写し奉るの後、本様注文を検し、加署し畢んぬ」と見えるのは、こうした史実を物語るものにほかならない。

問14
【ア】に入る言葉として正しいものを選んでください。

1. 古事記
2. 続日本紀
3. 古語拾遺
4. 先代旧事本紀

問15
【イ】に入る言葉として正しいものを選んでください。

1. 鎮魂　　2. 節折
3. 踏歌　　4. 解除

問 16
【ウ】に入る言葉として最もふさわしいものを選んでください。

1. 大嘗大神宝　　2. 一代一度大神宝
3. 大嘗大守護　　4. 一代一度大守護

問 17
【エ】に入る言葉として正しいものを選んでください。

1. 巻一　　2. 巻四
3. 巻八　　4. 巻九

問 18
【オ】に入る言葉として正しいものを選んでく

ださい。

1. 造宮使　　2. 例幣使
3. 献幣使　　4. 伊勢使

問 19
【カ】に入る言葉として正しいものを選んでください。

1. 造伊勢二所太神宮宝基本記
2. 江家次第
3. 皇太神宮儀年中行事
4. 遷宮例文

➡『神社のいろは要語集　祭祀編』150 ページ「神宝」

問 14　正解　4
問 15　正解　1
問 16　正解　2
問 17　正解　2
問 18　正解　1
問 19　正解　4

以下の文章を読んで問20から問24までの設問に答えてください。

日本において、祭祀が国の「まつり」として本格的に制度化されたのは第42代文武天皇の【ア】においてである。次いで第52代嵯峨天皇の『弘仁式』、第56代【イ】の『貞観式』、第60代醍醐天皇の『延喜式』と整備が進んでいった。

「神祇令」による祭式は、春・夏・秋・冬の4季に分類される。春季は祈年祭・【ウ】の2祭、夏季は神衣祭・【エ】・大忌祭・風神祭・月次祭・道饗祭・鎮火祭の7祭、秋季は大忌祭・風神祭・神衣祭・神嘗祭の4祭、冬季は相嘗祭・【オ】・大嘗祭（後の新嘗祭）・月次祭・道饗祭・鎮火祭の6祭で、合わせて19祭13種である。その祭式の大様は以下の通りである。

　　供神（ぐしん）の調度、及び礼儀（らいぎ）、斎日は皆別式に依れ。其の祈年・月次の祭は、百官【カ】に集れ。中臣祝詞を宣（のたま）へ。（註略）忌部幣帛（みてぐら）を班（わか）て。

『延喜式』によれば、神祇官から毎年、神祇に対して幣帛を奉り、これを「四度ノ幣」といった。①祈年祭、②月次祭、③相嘗祭、④新嘗祭である。なお、『令義解』の「月次祭」の条には「【キ】の如し」とあり、その性格を知ることができる。祭祀は大祀・中祀・小祀に分類される。

延喜の神祇制度は整備されたものであったが、延喜14年（914）に三善清行が醍醐天皇に提出し

た「意見封事十二箇条」によると綻びもあったようである。班幣のため各地方から上京参列した祝部は、神祇官庭で頒賜の幣【ク】をすぐに懐に仕舞いこみ、桙（ほこ）は柄（え）を捨てて先だけを取り、清酒はその場で飲みつくし、幣【ケ】は郁芳門外で市人に売り渡したとある。

問20
【ア】【イ】に入る言葉の組み合わせとして正しいものを選んでください。

1．ア、大宝令　イ、文徳天皇
2．ア、大宝令　イ、清和天皇
3．ア、養老令　イ、文徳天皇
4．ア、養老令　イ、清和天皇

問21
【ウ】【エ】【オ】に入る言葉の組み合わせとして正しいものを選んでください。

1．ウ、鎮花祭　エ、鎮魂祭　オ、三枝祭
2．ウ、鎮花祭　エ、三枝祭　オ、鎮魂祭
3．ウ、三枝祭　エ、鎮花祭　オ、鎮魂祭
4．ウ、鎮魂祭　エ、三枝祭　オ、鎮花祭

問22

【カ】に入る言葉として正しいものを選んでください。

1. 太政官　2. 神祇官
3. 朱雀門　4. 大極殿

問23

【キ】に入る言葉として正しいものを選んでください。

1. 産土祭　2. 鎮守祭
3. 田神祭　4. 宅神祭

問24

【ク】【ケ】に入る言葉の組み合わせとして正しいものを選んでください。

1. ク、砂金　ケ、馬　　2. ク、絹　ケ、馬
3. ク、砂金　ケ、案　　4. ク、絹　ケ、案

➡『神社のいろは要語集　祭祀編』182ページ「令制と式制」、184ページ「祭祀の区別」「各神社の祭式」

問20　正解　2　　問21　正解　2

問22 正解 2　　　問23 正解 4
問24 正解 2

問25
上代において、飲食物を木の葉に盛る風習があったことが文献からうかがえます。そのことに関する以下の文章の空欄【　】に入る言葉として正しいものを選んでください。

『日本書紀通釈』では、『古事記』仁徳天皇の段に「大后（中略）御綱（みつな）【　】を採りに、木国に幸行（い）でましし」とあるのを引き、大后は「新嘗の設（もうけ）」のために採取に行かれたとしている。また、『延喜式』「造酒司」の「大嘗祭の供奉の料」条に、「三津野（みつの）【　】廿四把（は）」とあり、『大神宮儀式帳』「六月祭」条に、「直会の酒を、采女（うねめ）二人侍して、御角【　】に盛りて」とあるところから、「【　】葉に三岐鋒（みまたのさき）ありて尖れる故に、三角の義をとりて名づけたるか。（中略）【　】に酒を受けて飲むことは上古の礼事にして（中略）【　】は本一種の樹名にあらず。飲食に用る葉をいふ」と述べている。

1. 榊　2. 葵　3. 笹　4. 柏

➡ 『神社のいろは要語集　祭祀編』192ページ「由来」
正解　4

「直会の民俗」について書かれた以下の文章を読んで問26と問27の設問に答えてください。

　直会が【ア】との共食を本義とすることから、直会そのものが神社の祭礼名となった例は多い。かつては氏子全員が神社に集まり、厄年の者が献饌し、そのお下がりで一同が直会をするといった祭りが多く存在した。この形は、直会の本義を伝えたものとして注目される。

　大晦日から年頭の食事を、「セツ」や「オカン」「ノウライ」などと呼ぶ地方がある。とくに九州地方で「ノウライ」「ノウレイ」と呼ぶ正月の【イ】は、古い感覚を示す語と考えられる。それは、一日の始まりは真夜中の午前零時ではなく、陽が沈んだ後の「陽のくだち」あるいは「たそかれ」のころだったという暦日観に関係している。つまり、新年1回目の食事は、大晦日の晩に食べるものであり、【イ】は歳神に供えたものをおろして、新年2〜3回目に食べるものだったからである。

問26
【ア】に入る言葉として最もふさわしいものを選んでください。

1. 斎主と氏子
2. 地域の老若男女それぞれ
3. 神と斎主
4. 神と人

問27
【イ】に入る言葉として最もふさわしいものを選んでください。

1. お節　　2. 雑煮
3. 鏡餅　　4. 年越し蕎麦

➡『神社のいろは要語集　祭祀編』206ページ「直会の民俗」「贈答と雑煮」
問26　正解　4
問27　正解　2

問28
神饌と祭祀に関する問題です。以下の文章の【ア】【イ】に入る言葉の組み合わせとして正しいものを選んでください。

神饌の内容や加工、盛り方などが特殊なものとして著名なところでは、「賀茂祭」での賀茂別雷神社や賀茂御祖神社、「石清水祭」での石清水八幡宮、「春日祭」や「春日若宮おん祭」での春日大社、「大饗祭」での【ア】、「青柴垣神事」での【イ】、「嘉吉祭（かきつさい）」での談山神社などがある。

1. ア、香取神宮　イ、美保神社
2. ア、香取神宮　イ、出雲大社
3. ア、鹿島神宮　イ、美保神社
4. ア、鹿島神宮　イ、出雲大社

➡『神社のいろは要語集　祭祀編』215ページ「神饌の形態と用具」

正解　1

問29
神酒に関する問題です。以下の文章の空欄【　】に入る言葉として正しいものを選んでください。

『延喜式』巻四十の「造酒司」には、以下のようにある。

  造酒司
祭神九座（春・秋並（みな）同じくせよ。）
二座。（酒弥豆男神（さけのみづおのかみ）、酒弥豆女（めの）神。）並従五位上。
（中略）
四座（竈神。）
（中略）
三座。（従五位上大邑（おおとうめの）【 】、従五位下小邑（ことうめの）【 】、次邑（つぎのとうめの）【 】。）

酒となる水を称え、良き酒が造れるように、「酒弥豆男神」「酒弥豆女神」の男女二神を祝い祭り、「大邑【 】」「小邑【 】」「次邑【 】」の三座は、甕そのものの神格化で、醸酒に関係の深い職分によったものと推測される。竈神は、大炊寮などと同様、竈を所有する役所として奉斎された。

1．大人（うし）　　2．刀自（とじ）
3．比古（ひこ）　　4．翁（おきな）

➡『神社のいろは要語集　祭祀編』220ページ「酒部と造酒の祖神」

正解　2

祝詞の変遷について書かれた以下の文章を読んで問30から問32までの設問に答えてください。

「ノリト」は本来、霊力を顕現転移させる言霊の信仰から発生したものである。『万葉集』には「ノリト」に関係ある用語が多く、また、「記紀」には「ミコトノリ」（【ア】）として採録されている。『日本書紀』の「孝徳天皇紀」などに現れてくる【イ】風の文句はたどたどしく、宣長は、それ以前の「ミコトノリ」（【イ】）も元はこのように記されていて、この大化の改新のころに、漢文の【ア】風に書き改められたのであろうと推測している。しかし、『万葉集』に見られるように、このころに漢字の使用能力が高まり、やがて【ウ】に見られる多くの【イ】のように発達したと思われる。そして、そういう【イ】体風の文章は、和文体の表記形式も含め、平安時代の初期から不振になっていったものと推測される。また、種々の文献にある神前の奏詞や祈願文も、漢文以外のものはあまり見当たらない。

上代から中世にかけ、大社においてどのような祝詞が用いられたかは不明であるが、『延喜式』に記載の祝詞を通して、その一端を想像することができる。『延喜式』「祝詞」の「六月晦大祓」には、東西文部（ふみべ）が読んだ漢文風の【エ】的な辞句が添えられており、その状況の一部を示している。

問30
【ア】【イ】に入る言葉の組み合わせとして最もふさわしいものを選んでください。

1. ア、詔勅　イ、託宣
2. ア、詔勅　イ、宣命
3. ア、綸言（りんげん）　イ、託宣
4. ア、綸言　イ、宣命

問31
【ウ】に入る言葉として正しいものを選んでください。

1. 日本書紀　　2. 続日本紀
3. 日本後紀　　4. 日本三代実録

問32
【エ】に入る言葉として正しいものを選んでください。

1. 道教　　2. 仏教
3. 儒教　　4. 歌謡

➡『神社のいろは要語集　祭祀編』231ページ「祝詞の変遷」

問30　正解　2
問31　正解　2
問32　正解　1

以下の文章を読んで問33から問36までの設問に答えてください。

「トホカミエミタメ」とは、上古において占卜を行う際、【ア】または亀甲につけた印の符牒のことである。この卜術は、神祇官の卜部や、壱岐、対馬、伊豆の【イ】が古くから用いたものであった。そのうちに特定の意味が生じたと思われ、中世末期には卜部家（吉田家）や白川家で、「三種大祓（三種祝詞）」が形成された。吉田家が唯一神道の興隆に際して、「中臣祓」や「三社託宣」などとともに、この卜兆である「トホカミ…」の神呪を信仰的に宣揚するのは自然なことであったろう。

宝永元年（1704）写本の『三種大祓神言』には、天孫降臨の際、太玉命が三種大祓の語句を作ったとされている。また、この神呪を「三種神器」に関連させ、「吐普」を「勇」、「加身」を「智」、「依身多女」を「仁」とする一方で、「寒言神尊利根陀見」の8言が八卦に由来することを否定している。この八卦に由来した8言については、江戸時代中ごろ、京都で庶民層を対象にした神道講釈で有名な【ウ】による建白などを取り入れ、用いなくなったともいわれている。

近世においては、この「三種大祓」が、三社託宣とともに僧俗で深く信仰された。また、この「三種大祓」こそが、「大祓詞」（中臣祓）にある【エ】であるとして尊重し、「禊祓」の根本的な神呪とされた例もある。

問 33
【ア】に入る言葉として正しいものを選んでください。

1. 鹿骨　　2. 豚骨
3. 馬骨　　4. 牛骨

問 34
【イ】に入る言葉として正しいものを選んでください。

1. 忌部　　2. 土師
3. 物部　　4. 卜部

問 35
【ウ】に入る言葉として正しいものを選んでください。

1. 増穂残口　　2. 石田梅岩
3. 西田長男　　4. 手島堵庵

問 36
【エ】に入る言葉として正しいものを選んでください。

1. 天津奇し護言
2. 天津次の神賀の吉詞
3. 天津祝詞の太祝詞
4. 解除之太諄辞

➡ 『神社のいろは要語集 祭祀編』240 ページ「とおかみえみため 吐普加美依身多女」、243 ページ「あまつのりとのふとのりと 天都詔詞太祝詞」

問 33 正解 1　　問 34 正解 4
問 35 正解 1　　問 36 正解 3

月次祭に関する以下の文章を読んで問 37 から問 40 までの設問に答えてください。

古代においては、毎年、6月と12月の11日に、神祇官より神宮はじめ三〇四座の神々に幣帛が奉られた。三〇四座の神々は、案上に官幣を奉る大社で、【ア】の班幣の対象となった神々と一致する。また、月次祭の祝詞は、【イ】の「御年皇神（みとしのすめがみ）等の前に白す」段を欠くほかは、同じ構成である。『貞観儀式』『西宮記』『江家次第』などによれば、6月は卯刻（午前5時から

7時ごろ)、12月は辰刻（午前7時から9時ごろ）に、神祇官以下諸司の官人が参集して、中臣が祝詞を奏し、諸社への班幣の儀が行われた。天皇は、その日の夜、中和（ちゅうか）院に出御し神今食の儀を行われた。神今食においては【ウ】に「真床追衾」が備えられ、亥刻の夕御饌と寅刻の朝御饌ともに天神地祇に供薦して、天皇御親らも聞こし食されることは、【エ】と変わりはない。【エ】が新穀であるのに対して、旧穀である点が異なるだけである。この場合の旧穀とは、【エ】以後の稲米をいうものと解される。

1級

問37
【ア】に入る言葉として正しいものを選んでください。

1. 祈年祭　2. 相嘗祭
3. 新嘗祭　4. 道饗祭

問38
【イ】に入る言葉として正しいものを選んでください。

1. 祈年祭　2. 相嘗祭
3. 新嘗祭　4. 道饗祭

問39
【ウ】に入る言葉として正しいものを選んでください。

1. 温明（うんめい）殿　　2. 内侍所
3. 恐所　　　　　　　　4. 神嘉殿

問40
【エ】に入る言葉として正しいものを選んでください。

1. 祈年祭　　2. 相嘗祭
3. 新嘗祭　　4. 神嘗祭

➡『神社のいろは要語集　祭祀編』292ページ「古代の祭祀の概要」、293ページ「成立。祝詞と神今食の初見から」

問37　正解　3
問38　正解　1
問39　正解　4
問40　正解　3

遷宮について書かれた以下の文章を読んで問41から問45までの設問に答えてください。

『延喜式』の「臨時祭」によると、「神戸の調・庸は、祭の料ならびに神社を造り、および神に供へる調度に充てよ、田租は貯（たくわ）へて神税とせよ」と規定されている。また、諸国の神社（官社）は、破損にしたがって修理し、「但し【ア】、下総国の香取、常陸国の鹿島等の神社の正殿は、廿年に一度改め造り」、その料には神税を用いて、「もし神税がなければ、即ち正税を充てよ」とあり、ここに式年造替・遷宮の制のことが見えていて、同「伊勢大神宮」には、式年遷宮の規程が載せられている。神宮職員の補任に関してを歴史的に編纂した『二所太神宮例文』によると、神宮では【イ】4年（690）に皇大神宮の第1回式年遷宮が行われ、同6年に豊受大神宮の第1回式年遷宮が執行された。

当初、遷御は、外宮は【ウ】15日、内宮は同16日に、ほぼ行われてきた。これを「式月式日」という。しかし、南北朝時代の興国4年・康永2年12月28日に内宮の遷宮が行われて以来、式月式日は乱れて10月から12月の間に行われるようになった。そして、明治22年の遷宮以来、内宮は【エ】2日、外宮は同5日となって、現在に至っている。

神宮式年遷宮にともなう諸祭典・行事は【オ】をはじめとし、「御装束神寶讀合（とくごう）」「川原大祓（かわらおおはらい）」「御飾（おかざり）」などがあり、ついで「遷御」「古物渡（こもつわた

し)」などが斎行され、最後に【カ】が行われる。

賀茂別雷神社や賀茂御祖神社、春日大社でも式年遷宮・造替が行われてきた。【キ】でも、かつて33年の周期で式年造替が行われていた。諏訪大社の【ク】も式年遷宮である。また、群馬県富岡市の一之宮貫前（ぬきさき）神社では、12年に1度、式年遷宮祭が行われている。

問41
【ア】に入る言葉として正しいものを選んでください。

1. 山城国の石清水
2. 大和国の大神
3. 摂津国の住吉
4. 近江国の日吉

問42
【イ】に入る言葉として正しいものを選んでください。

1. 天智天皇
2. 天武天皇
3. 持統天皇
4. 文武天皇

問43
【ウ】【エ】に入る言葉の組み合わせとして正しいものを選んでください。

1. ウ、9月　エ、10月
2. ウ、10月　エ、9月
3. ウ、9月　エ、11月
4. ウ、11月　エ、9月

問44
【オ】【カ】に入る言葉の組み合わせとして正しいものを選んでください。

1. オ、山口祭　カ、奉幣
2. オ、山口祭　カ、御神楽
3. オ、木本祭　カ、奉幣
4. オ、木本祭　カ、御神楽

問45
【キ】【ク】に入る言葉の組み合わせとして正しいものを選んでください。

1. キ、宇佐神宮　ク、御舟祭
2. キ、宇佐神宮　ク、御柱祭
3. キ、出雲大社　ク、御舟祭
4. キ、出雲大社　ク、御柱祭

➡『神社のいろは要語集　祭祀編』301ページ「文献」、305ページ「式年遷宮」

問41　正解　3　　問42　正解　3
問43　正解　1　　問44　正解　2
問45　正解　2

問46
以下の文章の空欄【　】に入る言葉として正しいものを選んでください。
【　】という言葉が、いつから用いられるようになったのかは明確ではないが、大正13年には、官国幣社から神社局長あてに【　】についての調査報告がなされている。これをもとにして昭和16年3月に神祇院から発行されたのが『官国幣社【　】調』全5編である。
【　】は恒例の神社祭式にとくに定めのない、神社にとって特別の由緒をもつ神事・行事のことをいい、その地域の特性や歴史性、神社やご祭神と地域とのつながりを表しているとされる。

1．歴史祭事　　2．地域祭事
3．特殊神事　　4．民俗神事

➡『神社のいろは要語集　祭祀編』310ページ「特殊神事」
正解　3

出雲大社の新嘗祭について書かれた以下の文章を読んで問47から問50までの設問に答えてください。

出雲大社の新嘗祭は、中・近世においては「新嘗会（しんじょうえ）」と呼ばれ、出雲大社ではなく、出雲国造の元の本拠である松江市南郊・大庭（おおば）の「【ア】神社」と「国造別邸」で斎行された。

国造の襲職儀礼である「【イ】神事」と「新嘗会」には多くの類似点があり、「諸御供の献進」、「上官の祝詞」、「国造の歯固め」「一夜酒頂戴」「【ウ】（榊舞）」などにも見られる。規模の大小と祭場の異同は別として、【イ】神事を通じて、神々と祖先の霊威を継承し、神の「御杖代」とされた国造が、年々の新嘗会によって、その聖なる資格を更新するものと考えられる。

現在、出雲大社で11月23日の夜に拝殿で斎行されている【エ】は、明治5年以来の新儀である。江戸時代までの「新嘗会」が、現在のものに変化していく契機となったのは、明治4年（1871）からの神社制度の改変である。社領の【オ】、【カ】への編入など出雲大社においても政治的・経済的な急変があった。明治4年の新嘗祭がどのような形で行われたかは不明であるが、大・少宮司（ともに国造）の大庭行きはなかった模様である。官幣大社として、正式の新嘗祭は定日に大社で行われねばならず、大・少宮司が大庭に出向することが不可能となったからである。こうして大社の新

嘗祭は、神社としての正式の祭典がまず午前に本殿で執行され、同日午後に、"国造家の行事"としての"【エ】"が庁の舎で行われることになった。後に、その祭場が拝殿に移され、夜の神事に戻って現在に至っている。

問47
【ア】に入る言葉として正しいものを選んでください。

1. 神魂（かもす）　　　2. 須賀
3. 日御碕（ひのみさき）　4. 佐太

問48
【イ】【ウ】に入る言葉の組み合わせとして正しいものを選んでください。

1. イ、火継　ウ、千番の舞
2. イ、魂継　ウ、千番の舞
3. イ、火継　ウ、百番の舞
4. イ、魂継　ウ、百番の舞

問49
【エ】に入る言葉として正しいものを選んでください。

1．国造新嘗祭　2．大庭新嘗祭
3．社伝新嘗祭　4．古伝新嘗祭

問50
【オ】【カ】に入る言葉の組み合わせとして正しいものを選んでください。

1．オ、上地　カ、官社
2．オ、下地　カ、官社
3．オ、上地　カ、諸社
4．オ、下地　カ、諸社

➡『神社のいろは要語集　祭祀編』325ページ「出雲国造の新嘗会と古伝新嘗祭」。参照：公式テキスト②『神話のおへそ』108ページ「出雲Ⅰ」、128ページ「出雲Ⅲ」

問47　正解　1　　問48　正解　3
問49　正解　4　　問50　正解　1

問 51 から問 80 は令和のご大礼に関する問題です。

以下の文章を読んで問 51 と問 52 の設問に答えてください。

　令和元年5月8日、「神宮神武天皇山陵及び昭和天皇以前四代の天皇山陵に勅使発遣の儀」が行われた。即位礼と大嘗祭を行う期日を奉告し、幣物を供えるために勅使を派遣される儀式である。

　午後2時、天皇陛下がお出ましになった。身に着けられているのは裾を長く引いた【ア】で、鎌倉時代以降、天皇のみが用いた祭服である。式次第によれば、まず、白布の上を進まれて幣物をご覧になって席に着かれ、神宮に参向する勅使をお召しになる。次に宮内庁長官の奉仕により、御祭文が勅使に授けられる。そして、ここで神宮への勅使にのみ陛下から【イ】との仰せがあるという。これは平安時代後期に成立した朝廷の儀式の解説書【ウ】にも記載がある伝統のおことばだ。

問51
【ア】に入る言葉として正しいものを選んでください。

1. 御祭服　　2. 帛御袍
3. 黄櫨染御袍　4. 御引直衣

206

問52
【イ】【ウ】に入る言葉の組み合わせとして正しいものを選んでください。

1. イ、「よく申して奉（たてまつ）れ」
   ウ、江家次第
2. イ、「よく申して奉れ」　　ウ、古事類苑
3. イ、「丁重に奉れ」　　ウ、江家次第
4. イ、「丁重に奉れ」　　ウ、古事類苑

➡『令和のご大礼　完全版』16ページ「神宮神武天皇山陵及び昭和天皇以前四代の天皇山陵に勅使発遣の儀」、88ページ「大礼のご装束」。『神社のいろは要語集　祭祀編』258ページ「天皇陛下の祭服」、259ページ「御引直衣、御直衣、黄丹袍」、279ページ「幣帛と懸税」

問51　正解　4
問52　正解　1

「斎田点定の儀」に関する以下の文章を読んで問 53 と問 54 の設問に答えてください。

どの範囲を斎国にするかについては歴史的な変遷がある。旧皇室典範では、【ア】以東以南を【イ】地方、【ア】以西以北を【ウ】地方とし勅定することが定められていた。平成度においては、新潟・長野・静岡県を結ぶ線で東西を二分して、その3県を含む東側の 18 都道府県を【イ】地方、西側の 29 府県が【ウ】地方と決められた。

宮内庁は儀式に先立って諸準備を進めてきた。【エ】を購入し、駒形に加工したものを 10 枚確保したという。また、それを焼くための【オ】（上溝桜／うわみずざくら）も準備した。

問 53
【ア】【イ】【ウ】に入る言葉の組み合わせとして正しいものを選んでください。

1．ア、東京　イ、悠紀　ウ、主基
2．ア、京都　イ、悠紀　ウ、主基
3．ア、東京　イ、主基　ウ、悠紀
4．ア、京都　イ、主基、ウ、悠紀

問54
【エ】【オ】に入る言葉の組み合わせとして正しいものを選んでください。

1．エ、鹿の肩骨　オ、科木（しなのき）
2．エ、甲羅　オ、科木
3．エ、鹿の肩骨　オ、波々迦木（ははかぎ）
4．エ、甲羅　オ、波々迦木

→『令和のご大礼　完全版』18ページ「斎田点定の儀」。『神社のいろは要語集　祭祀編』261ページ「①両斎国の卜定」、340ページ「古典」

問53　正解　2
問54　正解　4

「大嘗宮地鎮祭」について書かれた以下の文章を読んで問55から問58までの設問に答えてください。

大嘗宮は平安時代初期以降、大内裏朝堂院（ちょうどういん）内に造営されてきたが、平安末期の朝堂院焼亡後は多少の変遷もあった。

【ア】度では東京の御所内の吹上御苑で行われ、

【イ】度は京都の大宮御所内で行われた。今回は平成度と同様に皇居・東御苑で斎行された。

平安時代中期に編纂された律令の施行細則『延喜式』巻【ウ】の「践祚大嘗祭」には「凡（およ）そ大嘗宮を造るには、祭りに前（さきだ）つこと【エ】」、つまり、【エ】前に地鎮祭を行い造営を完成させる、とある。しかし、用材調達や技術面にも大きな変化があり、平成度と同様、令和の今回も、およそ３か月前に斎行された。以下は、「大嘗宮地鎮祭」の模様である。

まずは、掌典が３人の掌典補を率いて悠紀院の東北の角に設けられている坑（あな）へと向かった。３人の掌典補が手にしている三方（さんぽう）には、それぞれ榊などの祓具、幣物、そして「五色の【オ】」の「鎮（しず）め物」が載せられている。

問 55
【ア】【イ】に入る言葉の組み合わせとして正しいものを選んでください。

1．ア、明治　イ、大正・昭和
2．ア、大正　イ、明治・昭和
3．ア、昭和　イ、明治・大正
4．ア、大正・昭和　イ、明治

問 56
【ウ】に入る言葉として正しいものを選んでください。

1. 一・二　　2. 三　　3. 六　　4. 七

問 57
【エ】に入る言葉として正しいものを選んでください。

1. 7日　　　2. 15日
3. 1か月　　4. 2か月

問 58
【オ】に入る言葉として正しいものを選んでください。

1. 薄絁（あしぎぬ）　2. 土器（かわらけ）
3. 米　　　　　　　　4. 香（こう）

→『令和のご大礼　完全版』20ページ「大嘗宮地鎮祭」。『神社のいろは要語集　祭祀編』266ページ「⑤造殿行事」

問55　正解　1
問56　正解　4
問57　正解　1
問58　正解　1

「斎田抜穂の儀」について書かれた以下の文章を読んで問59と問60の設問に答えてください。

9月27日の抜穂の儀は、悠紀・主基両地方で行われた。両地方とも斎田脇には四方に斎竹（いみたけ）が立てられ、注連縄が張り巡らされて斎場が設けられていた。

この斎場も歴史的な由来がある。『貞観儀式』の記述を要約すると、斎田が卜定された時、大祓を行い、斎田・斎場の各四隅に木綿を着けた榊を挿し立て聖地の標示とし、【ア】や稲実殿（いなみのとの）などの殿舎が建てられた、とある。この時の斎場は「稲実殿地（いなみのとののところ）」と呼ばれて田の西に設けられ、祭りの場であるとともに神聖な作業場でもあった。

祭儀が始まった。斎田の所有者である【イ】と奉耕者が幄舎内の所定の位置に着くと、勅使である【ウ】と随員が参進してきた。修祓が行われ、【ウ】が神殿で祝詞を奏上した。この神殿が古くは【ア】と称されたのだ。

次に、【ウ】が【イ】に「抜穂の事」を命じると、【イ】と奉耕者が三方と農具を手に斎田へと向かい稲穂を刈り取った。刈り取られた稲穂は4束にまとめられ、三方に載せて再び斎場へと向かい中央に設けられた案（台）上に奉安された。それを【ウ】が点検し、稲穂は稲実殿へと納められたのである。

問59
【ア】に入る言葉として正しいものを選んでください。

1. 賢所
2. 三神殿
3. 八神殿
4. 抜穂所

問60
【イ】【ウ】に入る言葉の組み合わせとして正しいものを選んでください。

1. イ、稲実卜部（いなみのうらべ）
   ウ、稲実公（いなのみのきみ）
2. イ、大田主（おおたぬし）　ウ、稲実公
3. イ、稲実卜部　　ウ、抜穂使（ぬきほし）
4. イ、大田主　ウ、抜穂使

➡『令和のご大礼　完全版』22ページ「斎田抜穂の儀」、21ページ「斎田抜穂前一日大祓」。『神社のいろは要語集　祭祀編』262ページ「抜穂使と造酒童女」、263ページ「②抜穂行事」

問59　正解　3
問60　正解　4

「即位礼正殿の儀」について書かれた以下の文章を読んで問61から問63の設問に答えてください。

　内閣総理大臣が陛下の前に進むと、天皇陛下が侍従の奉仕により「おことば」が書かれた紙を受け取られ、ゆっくりと力強く述べられた。次に首相が「寿詞」を述べ、ご即位を祝して万歳を三唱した。古くは、即位や大嘗祭の時に、中臣氏が天神寿詞を述べた。その全文は、近衛天皇の康治元年（1142）11月12日に奏されたものが、【ア】に収められている。

　元来、「践祚」と「即位」とは別個のものではなかった。しかし、文武天皇の皇位継承（697年）は、持統天皇からの譲位を受けての即位だったため、践祚と即位とが期日を別にして行われた。その後、奈良時代末期に光仁天皇から譲位を受けて践祚された桓武天皇もこの例に倣い、践祚から13日後に大極殿で即位された。以後、これが慣例となり、践祚の際に、【イ】をいったん新帝に渡される

ことになった。

　今回の即位礼正殿の儀が、平成度と大きく違う所は「【ウ】初見」が復活されたことだ。これは、陛下が高御座に昇壇後、御帳が開かれて初めて参列者が天皇のお姿「【ウ】」を拝見することだ。

問61
【ア】に入る言葉として正しいものを選んでください。

1. 貞観儀式　　2. 西宮記
3. 北山抄　　　4. 台記別記

問62
【イ】に入る言葉として正しいものを選んでください。

1. 鏡　　2. 鏡剣　　3. 剣璽　　4. 神璽

問 63
【ウ】に入る言葉として最もふさわしいものを選んでください。

1. 玉体　2. 聖体
3. 竜顔　4. 宸儀

➡『令和のご大礼　完全版』25 ページ「即位礼正殿の儀」の 29、30 ページ。『神社のいろは要語集 祭祀編』271 ページ「天神寿詞と神璽鏡剣」、276 ページ「文献」

問 61　正解　4
問 62　正解　3
問 63　正解　4

「大嘗宮の儀」について書かれた以下の文章を読んで問 64 と問 65 の設問に答えてください。

17 時頃から始められたのが掌典たちによる「神座（しんざ）奉安」である。既に悠紀殿・主基殿の内陣の所定の位置には「八重【ア】」が敷かれている。午前中に、壁面から寸法を測り古来の位置に敷いておいたものだ。その上に【イ】をおかけし、「御単（おんひとえ）」を奉安して、「御櫛」「御檜

扇」を入れた「打払筥（うちはらいばこ）」を置き、御裾の方に「御沓」を入れた「御沓筥」を奉安する。この神座は【ウ】とも記されてきたが、あくまで「神の座」である。続いて、その神座下手左右に【エ】をそれぞれ「細籠（ほそめかご）」に入れて案に載せて献じる。

問64

【ア】【イ】に入る言葉の組み合わせとして正しいものを選んでください。

1. ア、畳　イ、御衾（おんふすま）
2. ア、衣　イ、御衾
3. ア、畳　イ、御領巾（おんひれ）
4. ア、衣　イ、御領巾

問65

【ウ】【エ】に入る言葉の組み合わせとして正しいものを選んでください。

1. ウ、寝座　エ、繒服・麁服（にぎたえ・あらたえ）
2. ウ、真座　エ、神鉾・神楯
3. ウ、寝座　エ、神鉾・神楯
4. ウ、真座　エ、繒服・麁服

➡『令和のご大礼　完全版』46ページ「大嘗宮の儀」の47ページ。『神社のいろは要語集　祭祀編』284ページ「神嘉殿と舗設」

問64　正解　1

問65　正解　1

同じく「大嘗宮の儀」について書かれた以下の文章を読んで問66から問68の設問に答えてください。

　天皇陛下、皇后陛下は「頓宮（とんぐう）」から、このために設けられた廊下を通り、【ア】に入られた。ここからが祭儀は「悠紀殿供饌の儀」となる。そのお姿を拝することはかなわないが、天皇陛下は西側の「小忌（おみの）【イ】」を供される部屋に潔斎のために入られ、中央の部屋で侍従の奉仕により【ウ】を召される。皇后陛下は東側の部屋に入られ白色帛御五衣（はくしょくはくのおんいつつぎぬ）・同御唐衣（おんからごろも）・同御裳（おんも）の装束を身に着けられる。

　一方、その頃、膳屋（かしわや）では楽師により「【エ】歌」が発せられ、「采女」と呼ばれる女性により【エ】がなされる。もちろんこれは儀礼としての【エ】というが、古には実際に行われていた。

問66
【ア】に入る言葉として正しいものを選んでください。

1. 廻立殿　2. 小忌幄舎
3. 斎庫　　4. 膳屋

問67
【イ】【エ】に入る言葉の組み合わせとして正しいものを選んでください。

1. イ、御塩　エ、稲春（いなつき）
2. イ、御湯　エ、稲春
3. イ、御塩　エ、酒噛（さけかみ）
4. イ、御湯　エ、酒噛

問68
【ウ】に入る言葉として正しいものを選んでください。

1. 御祭服　　2. 帛御袍
3. 黄櫨染御袍　4. 御引直衣

➡『令和のご大礼　完全版』46ページ「大嘗宮の儀」の47ページ、44ページ、45ページ「大嘗宮平面図」、88ページ「大礼のご装束」。『神社のいろは要語集　祭祀編』268ページ「⑥供神物の供納」、269ページ「大嘗宮の儀」、258ページ「天皇陛下の祭服」、259ページ「御引直衣、御直衣、黄丹袍」

問66　正解　1
問67　正解　2
問68　正解　1

同じく「大嘗宮の儀」について書かれた以下の文章を読んで問69から問71の設問に答えてください。

　神饌【ア】とは、行列を成し神饌を本殿に持ち運ぶことをいい、脂燭を執る掌典補を先頭に、膳屋から悠紀殿へ静かに南庭廻廊を進むという。

　一切うかがい知ることのできない「秘事」とされる供饌の儀は、四隅に灯籠の明かりがともる約8m四方の内陣で行われる。内陣には陛下の御座と神座が二つ設けられている。そのうちの一つは陛下のご親供を受けられるための神座で、【イ】の方向を背にして設けられている。つまり、御座は【イ】の方向に向けられていて、祭儀は同方向に向けて行われるのである。

　運ばれてきた神饌は陛下の前に古例の通り並べられ、陛下は【ウ】の御箸で、規定の数だけ【エ】に盛って供せられる。要する時間は約1時間20分

ほどという。そして、ご拝礼の後、五穀豊穣と国家安寧を祈る御告文を読み上げられる。その後、御直会となり米御飯、粟御飯を食され、【オ】も召されたという。

問69
【ア】【オ】に入る言葉の組み合わせとして正しいものを選んでください。

1. ア、行立（ぎょうりゅう）　オ、白酒・黒酒
2. ア、行立　オ、白酒・黒酒・清酒
3. ア、廻立（かいりゅう）　オ、白酒・黒酒
4. ア、廻立　オ、白酒・黒酒・清酒

問70
【イ】に入る言葉として正しいものを選んでください。

1. 奈良　2. 京都　3. 伊勢　4. 賢所

問71
【ウ】【エ】に入る言葉の組み合わせとして正しいものを選んでください。

1．ウ、竹製　エ、高坏（たかつき）
2．ウ、樫製　エ、高坏
3．ウ、竹製　エ、牧手（ひらて）
4．ウ、樫製　エ、牧手

➡『令和のご大礼　完全版』46ページ「大嘗宮の儀」の50ページ、52ページ。『神社のいろは要語集　祭祀編』269ページ「大嘗宮の儀」、285ページ「神饌行立」、286ページ「御神供と御直会」、222ページ「黒酒・白酒」

問69　正解　1
問70　正解　3
問71　正解　3

「大饗の儀」について書かれた以下の文章を読んで問72から問74までの設問に答えてください。

　天皇陛下のおことばの後、首相が奉答した。次に、悠紀・主基両地方から特別に供納される特産物の品目の奏上が行われた。

　これは『延喜式』のみならず、多くの古典に記さ

れるところだ。「【ア】節会」という饗宴で行われていた儀式の一つなのである。古には、大嘗宮の儀の後には3日間にわたって饗宴が行われた。つまり、「主基の儀」が終了した日に【ア】節会が、そして次の日に【イ】節会、さらに3日目に【ウ】節会が行われたのだ。【ア】節会は悠紀節会、【イ】節会は主基節会ともいった。この【ウ】節会が宮殿「【ウ】殿」の名の由来でもある。【ア】節会では、群臣たちが揃った饗宴の場で「供膳の儀」が行われたのである。

次に、両陛下に御膳と御酒が供され、会食となった。会場内に設けられた舞楽台で披露されたのは宮内庁楽部による久米舞である。また、新たに作られた悠紀・主基両地方の風俗舞、舞姫による【エ】が【オ】とともに奏された。最後に挿華が賜られて、両陛下が退出された。挿華も含め、これらのことはすべて先述した節会に由来する。

問72
【ア】【イ】に入る言葉の組み合わせとして正しいものを選んでください。

1. ア、子日　イ、丑日
2. ア、丑日　イ、寅日
3. ア、卯日　イ、辰日
4. ア、辰日　イ、巳日

問73

【ウ】に入る言葉として正しいものを選んでください。

1．紫宸　　2．清涼
3．弘徽　　4．豊明

問74

【エ】【オ】に入る言葉の組み合わせとして正しいものを選んでください。

1．エ、浦安舞　オ、大歌
2．エ、浦安舞　オ、天語（あまがたり）歌
3．エ、五節舞　オ、大歌
4．エ、五節舞　オ、天語歌

➡『令和のご大礼　完全版』54ページ「大饗の儀」の56、59ページ。『神社のいろは要語集　祭祀編』273ページ「辰日節会」、274ページ「巳日節会」、275ページ「豊明節会」、195ページ「直会」「用語と語義」、196ページ「直日の神」、197ページ「大直日の歌」、199ページ「豊明と芸能」

問72　正解　4
問73　正解　4
問74　正解　3

以下の文章を読んで問75から問80までの設問に答えてください。

「神宮【ア】」とは、天皇陛下が即位礼と大嘗祭を執り行われた後、御親（おんみずか）ら皇祖・天照大御神に奉告され、その御代の弥栄と人々の平安を祈念されることをいう。従って、それは天皇ご一代に一度のご参拝だ。【イ】の【ア】を初例としている。

また、【ア】にあたって天皇陛下は、神宮に「神宝」と「幣帛」を奉られた。これは、平安時代中期から、御代替わりに伴い、神宮はじめ諸国の50社に大神宝などを奉献していたことに由来する。

両陛下は9時に皇大神宮（内宮）をご出発、約30分後に豊受大神宮（外宮）に到着された。10時30分頃、天皇陛下は立纓の御冠に【ウ】、御挿鞋（おんそうかい・沓／くつ）というお姿に御笏を執られて外宮斎館を出発された。乗車されたのは【エ】である。

神宮補宜2名の先導でゆっくりと参道を進まれていく。ご正宮の板垣南御門前で【エ】を降り、衣冠単姿の侍従が【オ】を奉持し、【カ】をさしかけられて陛下は雨儀廊の中を進まれた。屋根は板葺きで板垣南御門からご正殿まで板床張りで設けられている。その上に下薦（したこも）が重ねられ、さらに麻布が敷かれた【キ】を陛下は歩かれていく。宮内庁式部官長と長官が前を行き、侍従長と大礼委員なども随従した。

次に修祓を受けられご神前へと進まれたが、ここから先は、様子を拝見することはかなわない。次第

によると、これより先、両陛下からの神宝や幣物はご正殿内に奉られ、【ク】は殿内に、【ケ】は階下で天皇陛下をお待ちしていた。

　陛下はご正殿の御階を上られ、大床（おおゆか）のご拝座に着かれた後、掌典長から進められた御玉串を捧げられて拝礼されたという。拝礼が終わると、御玉串を掌典長に渡され、掌典長はこれを殿内の【ク】に取り次ぎ、【ク】は御玉串案に奉奠して、陛下にご報告。天皇陛下は一礼の後、神前を下がられた。

問75
【ア】に入る言葉として正しいものを選んでください。

1．一度拝　　2．一代拝
3．ご親謁　　4．ご拝謁

問76
【イ】に入る言葉として正しいものを選んでください。

1．明治天皇　　2．大正天皇
3．昭和天皇　　4．上皇陛下

問 77
【ウ】に入る言葉として正しいものを選んでください。

1．御祭服
2．帛御袍
3．黄櫨染御袍
4．御引直衣

問 78
【エ】【オ】に入る言葉の組み合わせとして正しいものを選んでください。

1．エ、儀装馬車　オ、神璽
2．エ、儀装馬車　オ、剣璽
3．エ、御料車　オ、神璽
4．エ、御料車　オ、剣璽

問 79
【カ】【キ】に入る言葉の組み合わせとして正しいものを選んでください。

1. カ、翳（さしは）　キ、御道敷（おんみちしき）
2. カ、翳　キ、御莚道（ごえんどう）
3. カ、御菅蓋（おかんがい）　キ、御道敷
4. カ、御菅蓋　キ、御莚道

問80
【ク】【ケ】に入る言葉の組み合わせとして正しいものを選んでください。

1. ク、祭主　ケ、大宮司
2. ク、大宮司　ケ、祭主
3. ク、祭主　ケ、大宮司・少宮司
4. ク、大宮司　ケ、少宮司

➡『令和のご大礼　完全版』64ページ「即位礼及び大嘗祭後神宮に親謁の儀」。『神社のいろは要語集 祭祀編』152ページ「神宝と調度」、258ページ「天皇陛下の祭服」、259ページ「御引直衣、御直衣、黄丹袍」

問75　正解　3　　問76　正解　2
問77　正解　3　　問78　正解　2
問79　正解　4　　問80　正解　3

◆問 81 から◆問 90 は『古語拾遺』に関する問題です。

問 81

以下の現代語訳の文章を読んで【ア】【イ】に入る言葉として正しいものを選んでください。

　素戔嗚神が天照大神に、根の国に退くご挨拶をしようと天に昇った時、【ア】がお迎えして大きく立派な【イ】を献上しました。素戔嗚神はさらにこれを天照大神に献上しました。素戔嗚神が邪心の無いことを誓うため、子を生むこととなり、天照大神はその【イ】から天祖吾勝尊（あまつみおやあかつのみこと）をお生みなりました。

1．ア、天目一箇命　イ、曲玉
2．ア、天目一箇命　イ、刀・斧
3．ア、櫛明玉命　イ、曲玉
4．ア、櫛明玉命　イ、刀・斧

➡『神話のおへそ『古語拾遺』編』31、154 ページ「【約誓と素戔嗚神の「天つ罪」】」

正解　3

問 82

以下の文章を読んで空欄【 】に入る言葉として最もふさわしいものを選んでください。

『延喜式』によると、神祇官の行う祭祀に用いる【 】の調製にも神祇官内の９人の忌部が携わります。また、神祇官内に忌部の定員が不足した場合、他の役所の忌部氏を充（あ）てよ、と規定されるほど、忌部が関与することが必須であったようです。「忌部」とは、「祭祀を司る民」の意味であり、【 】の調製・供進という、国家の祭祀にとって大事な要素を司っていたことが理解できます。

1. 神饌
2. 神衣
3. 幣帛
4. 土器

➡『神話のおへそ『古語拾遺』編』84 ページ「忌部氏の職能」

正解　3

問83

「秦氏本系帳」に関して書かれた以下の文章を読んで【ア】【イ】に入る言葉の組み合わせとして正しいものを選んでください。

秦氏が奉仕した【ア】社の祭神を大山咋神とする『古事記』の記述とは異なり、大宝元年に秦忌寸都理（はたのいみきとり）が【ア】へ「胸形（宗像）の中部大神（なかつのおおかみ）」を奉斎したとする伝承が語られています。また、【イ】社の由緒が記されています。本書では有力社である【ア】社、【イ】社がともに秦氏の奉斎する神社であったということを主張しているのです。

1. ア、日吉　イ、稲荷
2. ア、日吉　イ、賀茂
3. ア、松尾　イ、稲荷
4. ア、松尾　イ、賀茂

➡『神話のおへそ『古語拾遺』編』104ページ「秦氏本系帳」

正解　4

問84

近代の熱田社のことについて書かれた以下の文章を読んで【ア】【イ】に入る言葉の組み合わせとして正しいものを選んでください。

　明治元年には「神宮」号が朝廷から授けられ、同年9月には明治天皇が歴史上初めて御親拝されました。明治4年に全国の神社に社格が与えられると、熱田は官幣大社に列格されます。明治10年には平田派国学者として著名な角田忠行（つのだただゆき）が宮司に任命されました。明治14年には、【ア】が「勅封」され（天皇の命により封印され、許可がなければ開けることを許されないこと）、また明治26年には、従来【イ】という形式であった社殿が、伊勢の神宮と同様の神明造の形式で新たに造営され、ご遷宮が斎行されて現在の景観が形成されました。

1. ア、本殿　イ、熱田造
2. ア、本殿　イ、尾張造
3. ア、霊剣　イ、熱田造
4. ア、霊剣　イ、尾張造

➡『神話のおへそ『古語拾遺』編』260ページ「コラム④中世以降の熱田神宮」

正解　4

以下の文章を読んで問 85 と問 86 の設問に答えてください。

神殿や宮殿の造営に関して、中央の斎部は、【ア】の御木（みき）・麁香（あらか）に居住する忌部を監督し、斎斧で材木を伐り出し、斎鉏（すき）で土台を掘り、その後に大工が作業を始めて竣工し、斎部が大殿祭・【イ】を斎行し、その後にお住まいになるべきです。しかし、現在、伊勢の神宮の神殿や大嘗祭の由紀殿・主基殿を造営するときに斎部が関与していません。これが遺れている事の四です。

問 85
【ア】に入る言葉として正しいものを選んでください。

1. 紀伊国　2. 伊勢国
3. 阿波国　4. 讃岐国

問 86
【イ】に入る言葉として正しいものを選んでください。

1. 大祓　　　2. 遷却祟神祭
3. 久度・古開祭　4. 御門祭

➡『神話のおへそ『古語拾遺』編』264ページ「遺れている事の四」、144ページ「地方の忌部」、270ページ「忌部氏の立場」。『令和のご大礼　完全版』43ページ「大嘗祭前一日大嘗宮鎮祭」

問85　正解　1
問86　正解　4

以下の文章を読んで問87から問89までの設問に答えてください。

「宮中の【ア】は、天鈿女命に由来します。ですから、八神殿に奉仕する巫女の職は本来の氏族である【イ】氏から任命されるべきです。しかし現在、他氏から選考されています。これが遺れている事の九です」

　この部分で『古語拾遺』が強調しているのは、【イ】氏が置かれている状況です。このことに関する注目すべき史料として『類聚三代格』に記載されている弘仁4年（815）10月の太政官符があります。【イ】氏の領地が、近江国和邇（わに）村（現・滋賀県大津市小野）というところと、山城国小野郷という二か所にありました。しかし、そこに居住していた小野臣・和邇部臣が、本来は【イ】氏の所領なのに、勝手にそこを横領し、【イ】氏でもないのにかかわらず朝廷の【イ】の役に奉仕しているということを小野朝臣野主が朝廷に訴えたのです。

この太政官符の記述で注目したいところは、【イ】氏のような古い氏族が存亡の危機にあると訴えられている点です。小野朝臣野主は、やはり【ウ】職掌というものを守っていかなければ大変なことになると考えたのです。

問87
【ア】に入る言葉として正しいものを選んでください。

1. 鎮火祭　　2. 鎮花祭
3. 鎮地祭　　4. 鎮魂祭

問88
【イ】に入る言葉として正しいものを選んでください。

1. 楯作（たてぬい）　　2. 倭文（しとり）
3. 麻積（おみ）　　　　4. 猿女（さるめ）

問 89
【ウ】に入る言葉として最もふさわしいものを選んでください。

1．律令に規定された　　2．神代からの
3．技の優れた者による　4．機会均等の

➡『神話のおへそ『古語拾遺』編』267ページ「遺れている事の九」、274ページ「ある史料が訴えているもの」

問87　正解　4
問88　正解　4
問89　正解　2

問 90
『令義解』に「歳災（としのわざわい）作（おこ）らず、時令（じれい）を順度（じゅんど）ならしめむと欲して」（災害や風水害が起こらないように願って）行うと、その目的が説明されている祭りとは何でしょうか。最もふさわしいものを選んでください。

```
1. 祈年祭    2. 月次祭
3. 風神祭    4. 水神祭
```

➡『神話のおへそ『古語拾遺』編』282ページ「祈年祭の「かたち」」

正解　1

問91
以下の文章を読んで【ア】【イ】に入る言葉の組み合わせとして正しいものを選んでください。

　前回の第62回神宮式年遷宮のための御用材を伐り出した山は、ともに国有林の長野県の木曽谷と岐阜県の裏木曽であった。遷宮に先立つこと8年、平成17年6月には木曽谷の上松（あげまつ）で【ア】が、裏木曽の中津川で「裏木曽御用材伐採式」が斎行された。いずれ

も御用材の伐採を始めるに際して山の神を祭り、安全とご造営の立派な完成を祈る祭儀である。この祭儀において、御用材のなかで最初に伐り出されるのが、【イ】と呼ばれる御神体をお納めする御器（おんうつわ）を奉製するためのヒノキだ。

1. ア、御山祭（おやまさい）
   イ、御船代木（みふなしろぎ）
2. ア、御山祭　イ、御樋代木（みひしろぎ）
3. ア、御杣始祭（みそまはじめさい）
   イ、御船代木
4. ア、御杣始祭　イ、御樋代木

➡『皇室』99号86ページ「神宮宮域林　百年の森と杣夫の技」の90ページ下段

正解　4

問 92

「神宮神御衣御料(かんみそごりょう)奉献」に関する以下の文章を読んで【ア】【イ】に入る言葉の組み合わせとして正しいものを選んでください。

こうして奉献された三河【ア】糸は、三重県松阪市郊外に鎮座する内宮の所管社・神服織機殿(かんはとりはたどの)神社で、5月と10月の初日から2週間をかけ、【イ】に奉織される。そして、同月14日に皇大神宮およびその別宮・荒祭宮で行なわれる神御衣祭で天照大御神に奉られる。

1. ア、白引　イ、和妙
2. ア、赤引　イ、和妙
3. ア、白引　イ、荒妙
4. ア、赤引　イ、荒妙

➡『皇室』100号79ページ「神宮神御衣御料奉献 神様に捧げる清き糸」の87ページ。『令和のご大礼』46ページ「大嘗宮の儀」の47ページ

正解　2

問93
神宮のお祭りに関して書かれた以下の文章を読んで、空欄【　】に入る言葉として正しいものを選んでください。

年間の恒例祭典のうち、三節祭に2月の祈年祭、10月の【　】、11月の新嘗祭を加えたお祭りが大祭とされる。

1. 御酒殿祭
2. 御塩殿祭
3. 神御衣祭
4. 風日祈祭

➡『皇室』101号90ページ「神宮の祭り　第一回神嘗祭」の94ページ下段、96ページ上段

正解　3

問94
神嘗祭について書かれた以下の文章を読んで空欄【　】に入る言葉として正しいものを選んでください。

神嘗祭には「興玉神祭」「御卜」【　】の諸祭が含まれ、両正宮に引き続き、別宮以下のすべてのお社で同月25日まで行われる。さらに、神嘗祭に付属するお祭りもある。

```
1. 渡御      2. 杵築祭
3. 川原大祓  4. 御神楽
```

➡『皇室』101号90ページ「神宮の祭り 第一回神嘗祭」の95ページ中下段。『神社のいろは要語集 祭祀編』309ページ「第62回神宮式年遷宮主要諸祭行事一覧」

正解　4

同じく神嘗祭について書かれた以下の文章を読んで問95と問96の設問に答えてください。

古儀では、由貴大御饌は御正殿御床下の【ア】の前に供進されたという。かつて天皇に代わって三節祭に奉仕したのは、天照大御神の【イ】とされた斎王だが、実際に大御神に近侍して大御饌供進に奉仕したのは、【ウ】と呼ばれる童女であった。

問95
【ア】に入る言葉として間違っているものを選んでください。

1. 心御柱   2. 忌柱
3. 天ノ御柱 4. 宇豆柱

問 96
【イ】【ウ】に入る言葉の組み合わせとして最もふさわしいものを選んでください。

1. イ、御杖代　ウ、大内人
2. イ、御杖代　ウ、大物忌
3. イ、御手代　ウ、大内人
4. イ、御手代　ウ、大物忌

➡『皇室』101 号 90 ページ「神宮の祭り　第一回神嘗祭」の 99 ページ中段。『神社のいろは要語集 祭祀編』278 ページ「古儀」、126 ページ「心御柱」

問 95　正解　4
問 96　正解　2

神嘗祭の古儀について書かれた以下の文章を読んで問 97 と問 98 の設問に答えてください。

『皇大神宮年中行事』(健久 3 年／ 1192) によると、玉串御門前の東西脇に方形の石畳があり、そこに 4 尺から 5 尺もの丈(たけ)のある、木綿をつけた榊が 64 本、それぞれ立てられていた。これを【ア】と称したようで、勅使及び宮司の祝詞は、前方の【ア】と後方の禰宜等が捧持している【イ】との中で奏上された。【イ】も 5 尺ばかりの榊に木綿をつけた非常に大きなものであった。現行祭祀ではせいぜい 1 尺 5 寸から 2 尺程度の大きさである

242

が、古くは女性の背丈に及ぶ長さの榊を捧持したのである。今日も【イ】といわれる所以はここにある。

『皇大神宮儀式帳』によれば、この【イ】は【ウ】神話に淵源するという。

問97

【ア】【イ】に入る言葉の組み合わせとして正しいものを選んでください。

1. ア、天八重榊　イ、由貴玉串
2. ア、天八重榊　イ、太玉串
3. ア、天雲榊　　イ、由貴玉串
4. ア、天雲榊　　イ、太玉串

問98

【ウ】に入る言葉として正しいものを選んでください。

1. 誓約
2. 天岩戸
3. 国作り
4. 天孫降臨

➡『皇室』101 号 90 ページ「神宮の祭り　第一回神嘗祭」の 100 ページ下段、102 ページ。『神社のいろは要語集　祭祀編』211 ページ「玉串」

問 97　正解　2
問 98　正解　2

以下の文章を読んで問 99 と問 100 の設問に答えてください。

『延喜式』巻【ア】に記載される神嘗祭の祝詞には、大御神に皇室の弥栄と国民の平安を祈った後、「三つの郡（こほり）・国国処処（くにぐにところどころ）に寄せまつれる神戸の人等の、常も進（たてまつる）ゆきの御酒（おほみき）・御贄（おほにえ）、【イ】千税（ちぢから）余り五百税（いほぢから）を、【ウ】の如（ごと）く置き足たらはして」と、由貴大御饌並びに【イ】の献進が描写される。

問 99
【ア】に入る言葉として正しいものを選んでください。

1. 一　　2. 五　　3. 八　　4. 九

問 100
【イ】【ウ】に入る言葉の組み合わせとして正しいものを選んでください。

1．イ、机代物　ウ、常世
2．イ、机代物　ウ、横山
3．イ、懸税　ウ、常世
4．イ、懸税　ウ、横山

➡『皇室』101号90ページ「神宮の祭り　第一回 神嘗祭」の100ページ上段、101ページ下段。『神社のいろは要語集　祭祀編』279ページ「幣帛と懸税」

問99　　正解　3
問100　　正解　4

第12回神社検定受検者統計

都道府県別（会場別）受検者数

	初級	3級	2級	1級	計
北海道	0	7	4	4	15
青森県	0	1	2	0	3
岩手県	0	3	1	0	4
宮城県	0	8	6	5	19
秋田県	0	0	1	1	2
福島県	0	3	2	0	5
茨城県	0	5	0	1	6
栃木県	0	4	4	1	9
群馬県	0	7	5	1	13
埼玉県	0	32	35	16	83
千葉県	0	17	15	6	38
東京都	0	159	147	62	368
新潟県	0	4	2	3	9
石川県	0	4	2	2	8
福井県	0	0	3	0	3
山梨県	0	2	4	1	7
長野県	0	8	6	1	15
静岡県	0	11	11	8	30
三重県	0	21	16	16	53
滋賀県	0	6	4	3	13
京都府	0	24	13	9	46
大阪府	0	51	35	11	97
奈良県	0	6	4	5	15
鳥取県	0	3	1	3	7
岡山県	0	10	8	2	20
広島県	0	8	7	4	19
香川県	0	3	3	0	6
愛媛県	0	2	1	1	4
福岡県	0	11	18	9	38
長崎県	0	3	1	2	6
宮崎県	0	2	1	1	4
鹿児島県	0	4	1	2	7
沖縄県	0	1	0	2	3
団体受検（3団体）	0	21	6	0	27
オンライン受検	465	672	0	0	1,137
総計	465	1,123	369	182	2,139

受検者年齢別

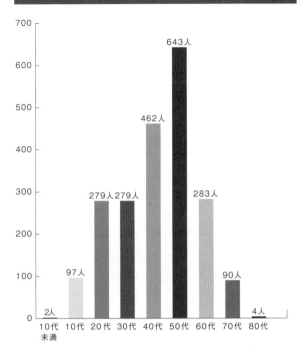

受検者男女比

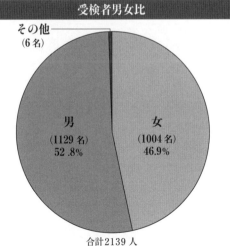

第12回神社検定 正答率

3 級

受検者数	1,123人
合格者数	888人
平均点(会場受検)	77.6点

問題番号	正答率(%)
1	97.8%
2	83.1%
3	98.4%
4	88.9%
5	88.9%
6	94.5%
7	89.8%
8	83.4%
9	92.7%
10	92.2%
11	96.0%
12	97.1%
13	94.2%
14	73.8%
15	68.5%
16	71.8%
17	97.1%
18	86.9%
19	89.6%
20	98.0%
21	86.3%
22	79.8%
23	97.8%
24	93.3%
25	90.7%
26	90.5%
27	91.4%
28	89.4%
29	88.7%
30	72.7%
31	73.2%
32	83.6%
33	88.7%
34	78.3%

問題番号	正答率(%)
35	91.6%
36	79.4%
37	98.4%
38	92.5%
39	96.5%
40	97.3%
41	95.1%
42	81.2%
43	92.0%
44	83.8%
45	88.9%
46	95.1%
47	95.3%
48	87.1%
49	85.8%
50	75.6%
51	69.8%
52	94.0%
53	64.1%
54	90.2%
55	89.6%
56	88.9%
57	71.6%
58	72.1%
59	59.2%
60	85.8%
61	55.0%
62	80.3%
63	90.5%
64	63.2%
65	71.8%
66	95.8%
67	92.0%
68	82.9%

問題番号	正答率(%)
69	72.5%
70	61.6%
71	94.2%
72	52.5%
73	33.3%
74	78.5%
75	93.6%
76	42.8%
77	78.5%
78	65.9%
79	89.4%
80	57.6%
81	38.6%
82	55.4%
83	77.2%
84	59.9%
85	58.8%
86	54.1%
87	57.0%
88	72.5%
89	76.9%
90	73.6%
91	38.1%
92	100%
93	24.6%
94	61.4%
95	45.0%
96	38.1%
97	45.2%
98	29.0%
99	21.3%
100	71.8%

※問92は、実際の問題には不備があったため全員を正解としています

2 級		
受検者数		369 人
合格者数		210 人
平均点		69.7点

問題番号	正答率(%)	問題番号	正答率(%)	問題番号	正答率(%)
1	81.6%	35	91.9%	69	90.2%
2	77.5%	36	78.0%	70	79.7%
3	86.7%	37	55.3%	71	54.7%
4	81.8%	38	86.4%	72	78.0%
5	80.2%	39	65.6%	73	36.6%
6	72.6%	40	74.3%	74	100%
7	70.2%	41	85.1%	75	78.9%
8	48.0%	42	69.6%	76	79.9%
9	57.2%	43	75.1%	77	34.7%
10	88.1%	44	63.1%	78	79.9%
11	72.6%	45	85.4%	79	23.6%
12	90.0%	46	94.6%	80	52.8%
13	58.3%	47	87.5%	81	17.3%
14	64.5%	48	78.3%	82	39.8%
15	68.6%	49	81.8%	83	49.1%
16	59.9%	50	79.7%	84	56.9%
17	72.6%	51	74.0%	85	31.7%
18	71.5%	52	80.5%	86	68.8%
19	84.6%	53	77.5%	87	36.9%
20	83.2%	54	86.2%	88	52.8%
21	95.9%	55	87.3%	89	93.2%
22	82.1%	56	70.7%	90	62.1%
23	91.6%	57	85.9%	91	36.0%
24	80.8%	58	80.8%	92	20.3%
25	59.6%	59	79.1%	93	41.2%
26	66.9%	60	87.3%	94	42.8%
27	65.0%	61	88.6%	95	50.7%
28	65.9%	62	95.7%	96	71.8%
29	82.7%	63	79.1%	97	44.2%
30	77.8%	64	71.5%	98	66.4%
31	56.4%	65	85.9%	99	64.2%
32	87.8%	66	80.5%	100	53.9%
33	78.9%	67	69.1%		
34	17.3%	68	70.7%		

※問74は、実際の問題には不備があったため全員を正解としています

1 級

受検者数	182 人
合格者数	92 人
平均点	66.5点

問題番号	正答率(%)	問題番号	正答率(%)	問題番号	正答率(%)
1	80.2%	35	23.1%	69	59.9%
2	46.2%	36	94.5%	70	91.2%
3	78.0%	37	68.7%	71	51.6%
4	50.5%	38	77.5%	72	57.1%
5	54.4%	39	84.1%	73	88.5%
6	62.6%	40	76.4%	74	57.1%
7	52.7%	41	68.7%	75	49.5%
8	63.7%	42	68.7%	76	26.4%
9	64.8%	43	78.6%	77	62.6%
10	53.3%	44	58.8%	78	61.5%
11	39.6%	45	73.1%	79	61.5%
12	45.6%	46	87.9%	80	30.2%
13	28.6%	47	78.0%	81	68.1%
14	75.8%	48	52.7%	82	74.7%
15	86.3%	49	67.0%	83	51.6%
16	69.8%	50	76.9%	84	29.7%
17	67.6%	51	61.5%	85	68.1%
18	83.0%	52	82.4%	86	74.7%
19	58.2%	53	87.9%	87	73.1%
20	75.3%	54	73.1%	88	91.8%
21	78.0%	55	33.0%	89	86.8%
22	68.1%	56	35.2%	90	47.8%
23	63.2%	57	100%	91	52.7%
24	76.4%	58	91.2%	92	74.7%
25	90.1%	59	40.7%	93	75.8%
26	81.9%	60	69.8%	94	45.6%
27	41.8%	61	46.7%	95	65.4%
28	53.8%	62	68.7%	96	80.8%
29	79.1%	63	73.1%	97	89.0%
30	91.2%	64	75.3%	98	77.5%
31	67.6%	65	100%	99	54.4%
32	61.5%	66	87.4%	100	53.8%
33	91.8%	67	76.4%		
34	46.7%	68	54.9%		

※問57、問65は、実際の問題には不備があったため全員を正解としています

得点別集計

3 級

得点	人数
99 点	1
98 点	5
97 点	6
96 点	11
95 点	3
94 点	8
93 点	18
92 点	12
91 点	15
90 点	12
89 点	15
88 点	12
87 点	12
86 点	12
85 点	18
84 点	19
83 点	11
82 点	21
81 点	12
80 点	9
79 点	14
78 点	11
77 点	11

得点	人数
76 点	8
75 点	16
74 点	12
73 点	16
72 点	9
71 点	8
70 点	5
69 点	12
68 点	7
67 点	4
66 点	4
65 点	5
64 点	6
63 点	3
62 点	3
61 点	5
60 点	2
59 点	4
58 点	4
57 点	8
56 点	5
55 点	3
54 点	2

得点	人数
53 点	4
52 点	2
51 点	4
50 点	3
49 点	3
48 点	3
47 点	2
46 点	3
45 点	1
44 点	1
43 点	2
42 点	2
38 点	1
32 点	1

2 級

得点	人数	得点	人数	得点	人数
99 点	1	75 点	7	51 点	4
98 点	1	74 点	11	50 点	7
97 点	1	73 点	9	49 点	5
96 点	2	72 点	10	48 点	3
95 点	6	71 点	3	47 点	5
94 点	3	70 点	7	46 点	7
93 点	3	69 点	7	45 点	1
92 点	4	68 点	3	44 点	5
91 点	10	67 点	8	43 点	3
90 点	12	66 点	4	42 点	8
89 点	6	65 点	7	41 点	2
88 点	9	64 点	4	40 点	1
87 点	13	63 点	4	39 点	5
86 点	10	62 点	3	38 点	2
85 点	10	61 点	4	37 点	1
84 点	9	60 点	7	36 点	5
83 点	9	59 点	4	35 点	1
82 点	11	58 点	5	34 点	2
81 点	3	57 点	6	33 点	1
80 点	10	56 点	4	32 点	1
79 点	5	55 点	5	28 点	2
78 点	9	54 点	3	26 点	1
77 点	5	53 点	5		
76 点	11	52 点	4		

1 級

得点	人数
98 点	3
97 点	2
93 点	3
92 点	2
91 点	3
90 点	2
89 点	4
88 点	4
87 点	4
86 点	5
85 点	5
84 点	2
83 点	1
82 点	2
81 点	4
80 点	1
79 点	2
78 点	5
77 点	5
76 点	4
75 点	4
74 点	5
73 点	2

得点	人数
72 点	4
71 点	4
70 点	10
69 点	3
68 点	4
67 点	2
66 点	2
65 点	5
64 点	1
63 点	2
61 点	5
60 点	3
59 点	3
58 点	2
57 点	2
56 点	3
55 点	2
54 点	1
53 点	2
52 点	1
51 点	3
50 点	3
49 点	4

得点	人数
48 点	3
47 点	1
46 点	6
45 点	3
44 点	2
42 点	2
41 点	2
40 点	2
39 点	4
38 点	2
37 点	2
36 点	1
35 点	2
34 点	2
33 点	2
26 点	1

初級の受験者数、合格者数、平均点は以下です。

受検者数	465 人
合格者数	409 人
平均点	42.7点 (満点は50点)

神社検定公式テキストシリーズ

公式テキスト①『神社のいろは』
3級用

参拝作法から、神様、お祭り、歴史まで、
Q&A方式で平易に解説。神道、神社入門書の決定版。
扶桑社刊　定価：本体1619円＋税

公式テキスト②『神話のおへそ』

神話のあらすじと解説、神話のゆかりの地探訪ルポを掲載。
神話の基礎知識を完全マスター。
扶桑社刊　定価：本体2000円＋税

公式テキスト③『神社のいろは　続（つづき）』
2級用

神社、神道はどのように成立し、どう展開していったのか。
歴史を知れば神社はもっと楽しくなる！
扶桑社刊　定価：本体1619円＋税

公式テキスト④『遷宮のつぼ』

「伊勢神宮」だけでなく、出雲大社から上賀茂・下鴨神社まで。
神社にとって最も大切な「遷宮」の意義と内容を完全解説。
扶桑社刊　定価：本体2000円＋税

公式テキスト⑤『神社のいろは要語集　宗教編』
1級用

神道理解に必須の重要用語を網羅！
これが分かれば、あなたは立派な神道通。
扶桑社刊　定価：本体2600円＋税

公式テキスト⑥『日本の祭り』

お祭りとは一体、何なのか？　豊富なルポとコラムで読み解く
日本の信仰の「かたち」と「こころ」。
扶桑社刊　定価：本体2000円＋税

公式テキスト⑦『神社のいろは要語集　祭祀編』
1級用

『神社のいろは要語集　宗教編』の続編。
併読すれば、神道理解はさらに深まる。
扶桑社刊　定価：本体2700円＋税

公式テキスト⑧『万葉集と神様』
日本人のこころの原点『万葉集』。
万葉びとの神様への信仰と思いをやさしく解説。
扶桑社刊　完売

公式テキスト⑨『神話のおへそ『古語拾遺』編』
『古事記』『日本書紀』に並ぶ神道の重要古典『古語拾遺』を
やさしく解説。好評だった『神話のおへそ』第2弾！
扶桑社刊　定価：本体2000円+税

公式テキスト⑩『神話のおへそ『日本書紀』編』
『日本書紀』の全容と、「神話」の部分を深く理解する。
好評シリーズ『神話のおへそ』第3段！
扶桑社刊　定価：本体2000円+税

公式テキスト⑪　神社のいろは特別編
『伊勢神宮と、遷宮の「かたち」』
好評だった『遷宮のつぼ』の改訂版！
扶桑社刊　定価：本体2000円+税

副読本『マンガならわかる！『日本書紀』』
扶桑社刊　定価：本体2000円+税

副読本『マンガ版　神社のいろは』
扶桑社刊　定価：本体2000円+税

副読本『マンガならわかる！『古事記』』
扶桑社刊　定価：2000円+税

特別テキスト『令和のご大礼　完全版』
ご即位の諸儀式と立皇嗣の礼の記録
扶桑社刊　定価：2200円+税

季刊誌『皇室』シリーズ
皇室の方々のご動静と皇室ゆかりの日本文化を紹介する雑誌。
1月4月7月10月の各25日に発売
扶桑社刊　定価：本体1600円+税

『神社検定　問題と解説』シリーズ
扶桑社刊　第11回　定価：本体1250円+税
(品薄のため、バックナンバーは電子書籍をご利用ください)

全国書店・公式ホームページで販売

監修	神社本庁
執筆	伊豆野 誠
校閲	聚珍社
表紙デザイン	坂本浪男

第12回　神社検定
問題と解説
初級　参級　弐級　壱級

初級「神話を知ろう！」編　全50問
3級「神社の基礎と神話」編　全100問
2級「神社の歴史」編　全100問
1級　指定テキストから総合的に出題　全100問

発行日　令和6年(2024)12月20日　初版第1刷発行

企　画	公益財団法人 日本文化興隆財団
発行者	秋尾弘史
発行所	株式会社扶桑社

　　　　〒105-8070　東京都港区海岸1-2-20
　　　　　　　　　汐留ビルディング
　　　電話　03-5843-8842（編集）
　　　　　　03-5843-8143（メールセンター）
　　　www.fusosha.co.jp

DTP制作　アーティザンカンパニー株式会社
印刷・製本　大日本印刷株式会社

定価は表紙に表示してあります。
造本には十分注意しておりますが、
落丁・乱丁（本のページの抜け落ちや順序の間違い）の場合は
小社メールセンター宛にお送りください。送料は小社負担でお取り替えいたします
（古書店で購入したものについては、お取り替えできません）。
なお、本書のコピー、スキャン、デジタル化等の無断複製は
著作権法上の例外を除き禁じられています。
本書を代行業者等の第三者に依頼してスキャンやデジタル化することは、
たとえ個人や家庭内の利用でも著作権法違反です。
©2024 KOUEKIZAIDANHOUJIN
NIHONBUNKAKOURYUZAIDAN
Printed in Japan
ISBN978-4-594-09973-2